Gröls Verlage

„Bücher sind wie Fallschirme. Sie nützen uns nichts, wenn wir sie nicht öffnen."

Gröls Verlag

Redaktionelle Hinweise und Impressum

Das vorliegende Werk wurde zugunsten der Authentizität sehr zurückhaltend bearbeitet. So wurden etwa ursprüngliche Rechtschreibfehler *nicht* systematisch behoben, denn kleine Unvollkommenheiten machen das Buch – wie im Übrigen den Menschen – erst authentisch. Mitunter wurden jedoch zum Beispiel Absätze behutsam neu getrennt, um den Lesefluss zu erleichtern.

Um die Texte zu rekonstruieren, werden antiquarische Bücher von Lesegeräten gescannt und dann durch eine Software lesbar gemacht. Der so entstandene Text wird von Menschen gegengelesen und korrigiert – hierbei treten auch Fehler auf. Wenn Sie ebenfalls antiquarische Texte einreichen möchten, finden Sie weitere Informationen auf www.groels.de

Viel Freude bei der Lektüre wünscht Ihnen das Team des Gröls-Verlags.

Adressen

Verleger: Sophia Gröls, Im Borngrund 26, 61440 Oberursel

Externer Dienstleister für Distribution & Herstellung: BoD, In de Tarpen 42, 22848 Norderstedt

Unsere „Edition | Werke der Weltliteratur“ hat den Anspruch, eine der größten und vollständigsten Sammlungen klassischer Literatur in deutscher Sprache zu sein. Nach und nach versammeln wir hier nicht nur die „üblichen Verdächtigen“ von Goethe bis Schiller, sondern auch Kleinode der vergangenen Jahrhunderte, die – zu Unrecht – drohen, in Vergessenheit zu geraten. Wir kultivieren und kuratieren damit einen der wertvollsten Bereiche der abendländischen Kultur. Kleine Auswahl:

Francis Bacon • Neues Organon • **Balzac** • Glanz und Elend der Kurtisanen • **Joachim H. Campe** • Robinson der Jüngere • **Dante Alighieri** • Die Göttliche Komödie • **Daniel Defoe** • Robinson Crusoe • **Charles Dickens** • Oliver Twist • **Denis Diderot** • Jacques der Fatalist • **Fjodor Dostojewski** • Schuld und Sühne • **Arthur Conan Doyle** • Der Hund von Baskerville • **Marie von Ebner-Eschenbach** • Das Gemeindekind • **Elisabeth von Österreich** • Das Poetische Tagebuch • **Friedrich Engels** • Die Lage der arbeitenden Klasse • **Ludwig Feuerbach** • Das Wesen des Christentums • **Johann G. Fichte** • Reden an die deutsche Nation • **Fitzgerald** • Zärtlich ist die Nacht • **Flaubert** • Madame Bovary • **Gorch Fock** • Seefahrt ist not! • **Theodor Fontane** • Effi Briest • **Robert Musil** • Über die Dummheit • **Edgar Wallace** • Der Frosch mit der Maske • **Jakob Wassermann** • Der Fall Maurizius • **Oscar Wilde** • Das Bildnis des Dorian Grey • **Émile Zola** • Germinal • **Stefan Zweig** • Schachnovelle • **Hugo von Hofmannsthal** • Der Tor und der Tod • **Anton Tschechow** • Ein Heiratsantrag • **Arthur Schnitzler** • Reigen • **Friedrich Schiller** • Kabale und Liebe • **Nicolo Machiavelli** • Der Fürst • **Gotthold E. Lessing** • Nathan der Weise • **Augustinus** • Die Bekenntnisse des heiligen Augustinus • **Marcus Aurelius** • Selbstbetrachtungen • **Charles Baudelaire** • Die Blumen des Bösen • **Harriett Stowe** • Onkel Toms Hütte • **Walter Benjamin** • Deutsche Menschen • **Hugo Bettauer** • Die Stadt ohne Juden • **Lewis Caroll** • *und viele mehr….*

William Shakespeare

Richard III

Übersetzung

Von

August Wilhelm von Schlegel

Inhalt

PERSONEN:

König Eduard der Vierte

Eduard, Prinz von Wales, nachmals König Eduard der Fünfte

Söhne des Königs

George, Herzog von Clarence

Richard, Herzog von Gloster, nachmals König Richard der Dritte

Brüder des Königs

Eduard Plantagenet, ein junger Sohn des Clarence

Heinrich, Graf von Richmond, nachmals König Heinrich der Siebente

Kardinal Bourchier, Erzbischof von Canterbury

Thomas Rotherham, Erzbischof von York

John Morton, Bischof von Ely

Herzog von Buckingham

Herzog John von Norfolk

Graf Thomas von Surrey, sein Sohn

Graf Rivers, vormals Sir Anton Woodville, Bruder der Gemahlin König Eduards

Marquis von Dorset und **Lord Grey**, ihre Söhne aus erster Ehe

Lord Scales, des Grafen Rivers ältester Sohn

Graf von Oxford

Sir William Brandon

Lord William Hastings

Lord Stanley

Lord Lovel

Sir Thomas Vaughan

Sir Richard Ratcliff

Sir William Catesby

Sir James Tyrrel

Sir James Blunt

Sir Walter Herbert

Sir Robert Brakenbury, Kommandant des Towers

Tressel und **Berkeley**, Edelleute im Gefolge der Prinzessin Anna

Christopher Urswick und **Sir John**, Priester

Zwei Bischöfe

Der Lord Mayor von London

Der Sheriff von Wiltshire

Elisabeth, Gemahlin König Eduards des Vierten

Margaretha, Witwe König Heinrichs des Sechsten

Herzogin von York, Mutter König Eduards des Vierten, Clarences und Glosters

Anna, Witwe Eduards, des Prinzen von Wales, Sohnes König Heinrich des Sechsten; nachmals mit Gloster vermählt

Margaretha Plantagenet, eine junge Tochter des Clarence

Lords und anderes Gefolge; mehrere Edelleute, Leichenträger, ein Herold, ein Kanzleischreiber, Aldermänner, Bürger, Wachen, Mörder, ein Edelknabe, Boten, Geister, Soldaten

Die Szene ist in England

ERSTER AUFZUG

ERSTE SZENE

London. Eine Straße.

(Gloster tritt auf.)

Gloster.

Nun ward der Winter unsers Mißvergnügens
Glorreicher Sommer durch die Sonne Yorks;
Die Wolken all, die unser Haus bedräut,
Sind in des Weltmeers tiefem Schoß begraben.
Nun zieren unsre Brauen Siegeskränze,
Die schart'gen Waffen hängen als Trophä'n;
Aus rauhem Feldlärm wurden muntre Feste,
Aus furchtbarn Märschen holde Tanzmusiken.
Der grimm'ge Krieg hat seine Stirn entrunzelt,
Und statt zu reiten das geharn'schte Roß,
Um drohnder Gegner Seelen zu erschrecken,
Hüpft er behend in einer Dame Zimmer
Nach üppigem Gefallen einer Laute.
Doch ich, zu Possenspielen nicht gemacht,
Noch um zu buhlen mit verliebten Spiegeln;
Ich, roh geprägt, entblößt von Liebesmajestät
Vor leicht sich dreh'nden Nymphen mich zu brüsten;
Ich, um dies schöne Ebenmaß verkürzt,

Von der Natur um Bildung falsch betrogen,
Entstellt, verwahrlost, vor der Zeit gesandt
In diese Welt des Atmens, halb kaum fertig
Gemacht, und zwar so lahm und ungeziemend,
Daß Hunde bellen, hink ich wo vorbei;
Ich nun, in dieser schlaffen Friedenszeit,
Weiß keine Lust, die Zeit mir zu vertreiben,
Als meinen Schatten in der Sonne spähn
Und meine eigne Mißgestalt erörtern;
Und darum, weil ich nicht als ein Verliebter
Kann kürzen diese fein beredten Tage,
Bin ich gewillt, ein Bösewicht zu werden
Und feind den eitlen Freuden dieser Tage.
Anschläge macht' ich, schlimme Einleitungen,
Durch trunkne Weissagungen, Schriften, Träume,
Um meinen Bruder Clarence und den König
In Todfeindschaft einander zu verhetzen.
Und ist nur König Eduard treu und echt,
Wie ich verschmitzt, falsch und verräterisch,
So muß heut Clarence eng verhaftet werden,
Für eine Weissagung, die sagt, daß G
Den Erben Eduards nach dem Leben steh'.
Taucht unter, ihr Gedanken! Clarence kommt.

(Clarence kommt mit Wache und Brakenbury.)

Mein Bruder, guten Tag! Was soll die Wache
Bei Euer Gnaden?

Clarence.

Seine Majestät, Besorgt um meine Sicherheit, verordnet
Mir dies Geleit, mich nach dem Turm zu schaffen.

Gloster.

Aus welchem Grund?

Clarence.

Weil man mich George nennt.

Gloster.

Ach, Mylord, das ist Euer Fehler nicht,
Verhaften sollt' er darum Eure Paten.
Oh, vielleicht hat Seine Majestät im Sinn,
Umtaufen Euch zu lassen dort im Turm.
Doch was bedeutet's, Clarence? Darf ich's wissen?

Clarence.

Ja, Richard, wann ich's weiß: denn ich beteure,
Noch weiß ich's nicht; nur dies hab ich gehört,
Er horcht auf Weissagungen und auf Träume,
Streicht aus dem Alphabet den Buchstab G
Und spricht, ein Deuter sagt' ihm, daß durch G
Enterbung über seinen Stamm ergeh';
Und weil mein Name George anfängt mit G,
So denkt er, folgt, daß es durch mich gescheh'.

Dies, wie ich hör, und Grillen, diesen gleich,
Bewogen Seine Hoheit zum Verhaft.
Gloster. So geht's, wenn Weiber einen Mann regieren.
‘s ist Eduard nicht, der in den Turm Euch schickt;
Mylady Grey, sein Weib, Clarence, nur sie
Reizt ihn zu diesem harten Äußersten.
War sie es nicht und jener Mann der Ehren,
Ihr guter Bruder, Anton Wondeville,
Die in den Turm Lord Hastings schicken ließen,
Von wo er eben heute losgekommen?
Wir sind nicht sicher, Clarence, sind nicht sicher.
Clarence.
Beim Himmel, niemand ist es, als die Sippschaft
Der Königin und nächtliche Herolde,
Des Königs Botenläufer zu Frau Shore.
Hörtet Ihr nicht, wie sich demütig flehend
Lord Hastings um Befreiung an sie wandte?
Gloster.
Demütig klagend ihrer Göttlichkeit
Ward der Herr Oberkämmerer befreit.
Hört an, ich denk, es wär' die beste Art,
Wenn wir in Gunst beim König bleiben wollen,
Bei ihr zu dienen und Livrei zu tragen.
Die eifersücht'ge abgenutzte Witwe

Und jene, seit mein Bruder sie geadelt,
Sind mächtige Gevatterfrau'n im Reich.

Brakenbury.

Ich ersuch Eu'r Gnaden beide zu verzeihn,
Doch Seine Majestät hat streng befohlen,
Daß niemand, welches Standes er auch sei,
Soll sprechen insgeheim mit seinem Bruder.

Gloster.

Ja so! Beliebt's Eu'r Edeln, Brakenbury,
So hört nur allem, was wir sagen, zu:
Es ist kein Hochverrat, mein Freund. Wir sagen,
Der König sei so weis' als tugendsam,
Und sein verehrtes Ehgemahl an Jahren
Ansehnlich, schön und ohne Eifersucht;
Wir sagen, Shores Weib hab' ein hübsches Füßchen,
Ein Kirschenmündchen, Äugelein und wundersüße Zunge,
Und daß der Kön'gin Sippschaft adlig worden.
Was sagt Ihr, Herr? ist alles das nicht wahr?

Brakenbury.

Mylord, ich bin bei allem dem nichts nutz.

Gloster.

Nichtsnutzig bei Frau Shore? Hör an, Gesell:
Ist wer bei ihr nichtsnutzig, als der eine,
Der tät' es besser insgeheim, alleine.

Brakenbury.

Als welcher eine, Mylord?

Gloster.

Ihr Mann, du Schuft; willst du mich fangen?

Brakenbury.

Ich ersuch Eu'r Gnaden zu verzeihn, wie auch

Nicht mehr zu sprechen mit dem edlen Herzog.

Clarence.

Wir kennen deinen Auftrag, Brakenbury,

Und wolln gehorchen.

Gloster.

Wir sind die Verworfnen

Der Königin und müssen schon gehorchen.

Bruder, lebt wohl! Ich will zum König gehn,

Und wozu irgend Ihr mich brauchen wollt,

Müßt' ich auch Eduards Witwe Schwester nennen,

Ich will's vollbringen, um Euch zu befrein.

Doch diese tiefe Schmach der Brüderschaft

Rührt tiefer mich, als Ihr Euch denken könnt.

Clarence.

Ich weiß es, sie gefällt uns beiden nicht.

Gloster.

Wohl, Eu'r Verhaft wird nicht von Dauer sein:

Ich mach Euch frei, sonst lieg ich selbst für Euch.

Indessen habt Geduld.

Clarence.

Ich muß; leb wohl!

(Clarence mit Brakenbury und der Wache ab.)

Gloster.

Geh nur des Wegs, den du nie wiederkehrst,

Einfält'ger Clarence! So sehr lieb ich dich,

Ich sende bald dem Himmel deine Seele,

Wenn er die Gab' aus unsrer Hand will nehmen.

Doch wer kommt da? der neubefreite Hastings?

(Hastings tritt auf.)

Hastings.

Vergnügten Morgen meinem gnäd'gen Herrn!

Gloster.

Das gleiche meinem lieben Kämmerer!

Seid sehr willkommen in der freien Luft.

Wie fand Eu'r Gnaden sich in den Verhaft?

Hastings.

Geduldig, edler Herr, wie man wohl muß;

Doch hoff ich denen Dank einst abzustatten,

Die schuld gewesen sind an dem Verhaft.

Gloster.

Gewiß, gewiß! und das wird Clarence auch:

Die Eure Feinde waren, sind die seinen

Und haben Gleiches wider ihn vermocht.

Hastings.

Ja, leider wird der Adler eingesperrt,

Und Gei'r und Habicht rauben frei indes.

Gloster.

Was gibt es Neues draußen?

Hastings.

So Schlimmes draußen nichts, als hier zu Haus.

Der Fürst ist kränklich, schwach und melancholisch,

Und seine Ärzte fürchten ungemein.

Gloster.

Nun, bei Sankt Paul! die Neuigkeit ist schlimm.

Oh, er hat lange schlecht Diät gehalten

Und seine fürstliche Person verzehrt.

Es ist ein Herzeleid, wenn man's bedenkt.

Sagt, hütet er das Bett?

Hastings.

Er tut's.

Gloster.

Geht nur voran, ich folge bald Euch nach.

(Hastings ab.)

Er kann nicht leben, hoff ich; darf nicht sterben,

Eh' George mit Extrapost gen Himmel fährt.

Ich will hinein und ihn auf Clarence hetzen

Mit wohlgestählten Lügen, trift'gen Gründen;
Und wenn mein tiefer Plan mir nicht mißlingt,
Hat Clarence weiter keinen Tag zu leben.
Dann nehme Gott in Gnaden König Eduard
Und lasse mir die Welt zu hausen drin.
Denn dann heirat ich Warwicks jüngste Tochter.
Ermordet' ich schon ihren Mann und Vater,
Der schnellste Weg, der Dirne g'nugzutun,
Ist, daß ich selber werd ihr Mann und Vater.
Das will ich denn, aus Liebe nicht sowohl
Als andrer tief versteckter Zwecke halb,
Die diese Heirat mir erreichen muß.
Doch mach ich noch die Rechnung ohne Wirt;
Noch atmet Clarence, Eduard herrscht und thront:
Sind sie erst hin, dann wird die Müh' belohnt. *(Ab.)*

ZWEITE SZENE

London. Eine andre Straße.

(König Heinrichs des Sechsten Leiche wird in einem offnen Sarge hereingetragen, Tressel, Berkeley und Edelleute mit Hellebarden begleiten sie; hierauf Prinzessin Anna als Leidträgerin.)

Anna.

Setzt nieder eure ehrenwerte Last –
Wofern sich Ehre senkt in einen Sarg-,

Indessen ich zur Leichenfeier klage
Den frühen Fall des frommen Lancaster.
Du eiskalt Bildnis eines heil'gen Königs!
Des Hauses Lancaster erblichne Asche!
Blutloser Rest des königlichen Bluts!
Vergönnt sei's, aufzurufen deinen Geist,
Daß er der armen Anna Jammer höre,
Die Eduards Weib war, deines Sohns, erwürgt
Von jener Hand, die diese Wunden schlug.
In diese Fenster, die sich aufgetan,
Dein Leben zu entlassen, träufl' ich, sieh!
Hilflosen Balsam meiner armen Augen.
Verflucht die Hand, die diese Risse machte!
Verflucht das Herz, das Herz hatt', es zu tun!
Verflucht das Blut, das dieses Blut entließ!
Heilloser Schicksal treffe den Elenden,
Der elend uns gemacht durch deinen Tod,
Als ich kann wünschen Nattern, Spinnen, Kröten
Und allem giftigen Gewürm, das lebt.
Hat er ein Kind je, so sei's mißgeboren,
Verwahrlost und zu früh ans Licht gebracht,
Des greulich unnatürliche Gestalt
Den Blick der hoffnungsvollen Mutter schrecke;
Und das sei Erbe seines Mißgeschicks!

Hat er ein Weib je, nun, so möge sie
Sein Tod um vieles noch elender machen,
Als mich mein junger Ehgemahl und du! –
Kommt nun nach Chertsey mit der heil'gen Last,
Die von Sankt Paul wir zur Bestattung holten,
Und immer, wenn ihr müde seid, ruht aus,
Derweil ich klag um König Heinrichs Leiche.
(Die Träger nehmen die Leiche auf und gehen weiter.)

(Gloster tritt auf.)

Gloster.

Halt! ihr der Leiche Träger, setzt sie nieder!

Anna.

Welch schwarzer Zaubrer bannte diesen Bösen
Zur Störung frommer Liebesdienste her?

Gloster.

Schurken, die Leiche nieder! Bei Sankt Paul,
Zur Leiche mach ich den, der nicht gehorcht!

Erster Edelmann.

Mylord, weicht aus und laßt den Sarg vorbei.

Gloster.

Schamloser Hund! steh du, wenn ich's befehle;
Senk die Hellbarde nicht mir vor die Brust,
Sonst, bei Sankt Paul, streck ich zu Boden dich
Und trete, Bettler, dich für deine Keckheit.

(Die Träger setzen den Sarg nieder.)

Anna.

Wie nun? ihr zittert, ihr seid all erschreckt?
Doch ach! ich tadl' euch nicht: ihr seid ja sterblich,
Und es erträgt kein sterblich Aug' den Teufel. –
Heb dich hinweg, du grauser Höllenbote!
Du hattest Macht nur über seinen Leib,
Die Seel' erlangst du nicht: drum mach dich fort.

Gloster.

Sei christlich, süße Heil'ge! fluche nicht ~!

Anna.

Um Gottes Willen, schnöder Teufel, fort,
Und stör uns ferner nicht! Du machtest ja
Zu deiner Hölle die beglückte Erde,
Erfüllt mit Fluchgeschrei und tiefem Weh.
Wenn deine grimm'gen Taten dich ergötzen,
Sieh diese Probe deiner Metzgerei'n. -.
Ihr Herrn, seht, seht! des toten Heinrichs Wunden
Öffnen den starren Mund und bluten frisch. –
Erröte, Klumpe schnöder Mißgestalt!
Denn deine Gegenwart haucht dieses Blut
Aus Adern, kalt und leer, wo kein Blut wohnt;
Ja deine Tat, unmenschlich, unnatürlich,
Ruft diese Flut hervor, so unnatürlich. –

Du schufst dies Blut, Gott: räche seinen Tod!
Du trinkst es, Erde: räche seinen Tod!
Laß, Himmel, deinen Blitz den Mörder schlagen!
Gähn, Erde, weit, und schling ihn lebend ein,
Wie jetzo dieses guten Königs Blut,
Den sein der Höll' ergebner Arm gewürgt!

Gloster.

Herrin, Ihr kennt der Liebe Vorschrift nicht,
Mit Gutem Böses, Fluch mit Segen lohnen.

Anna.

Bube, du kennst kein göttlich, menschlich Recht;
Das wildste Tier kennt doch des Mitleids Regung.

Gloster.

Ich kenne keins, und bin daher kein Tier.

Anna.

O Wunder, wenn ein Teufel Wahrheit spricht!

Gloster.

Mehr Wunder, wenn ein Engel zornig ist! –
Geruhe, göttlich Urbild eines Weibes,
Von der vermeinten Schuld mir zu erlauben,
Gelegentlich bei dir mich zu befrein.

Anna.

Geruhe, gift'ger Abschaum eines Manns,
Für die bekannte Schuld mir zu erlauben,

Gelegentlich zu fluchen dir Verfluchtem.

Gloster.

Du, schöner als ein Mund dich nennen kann!

Verleih geduld'ge Frist, mich zu entschuld'gen.

Anna.

Du, schnöder als ein Herz dich denken kann!

Für dich gilt kein Entschuld'gen, als dich hängen.

Gloster.

Verzweifelnd so, verklagt' ich ja mich selbst.

Anna.

Und im Verzweifeln wärest du entschuldigt,

Durch Übung würd'ger Rache an dir selbst,

Der du unwürd'gen Mord an andern übtest.

Gloster.

Setz, ich erschlug sie nicht.

Anna.

So wären sie nicht tot;

Doch tot sind sie und, Höllenknecht, durch dich.

Gloster.

Ich schlug nicht Euren Gatten.

Anna.

Nun wohl, so lebt er noch.

Gloster.

Nein, er ist tot, und ihn schlug Eduards Hand.

Anna.

Du lügst in deinen Hals; Margretha sah
In seinem Blut dein mördrisch Messer dampfen,
Das du einst wandtest gegen ihre Brust,
Nur deine Brüder schlugen es beiseit.

Gloster.

Ich war gereizt von ihrer Lästerzunge,
Die jener Schuld legt' auf mein schuldlos Haupt.

Anna.

Du warst gereizt von deinem blut'gen Sinn,
Der nie von anderm träumt' als Metzgerein.
Hast du nicht diesen König umgebracht?

Gloster.

Ich geb es zu.

Anna.

Zu gibst du's, Igel? Nun, so geb' auch Gott,
Daß du verdammt seist für die böse Tat!
Oh, er war gütig, mild und tugendsam.

Gloster.

So taugt er, bei des Himmels Herrn zu wohnen.

Anna.

Er ist im Himmel, wo du niemals hinkommst.

Gloster.

Er danke mir, der ihm dahin verholfen:

Er taugte für den Ort, nicht für die Erde.

Anna.

Du taugst für keinen Ort als für die Hölle.

Gloster.

Ja, einen noch, wenn ich ihn nennen darf.

Anna.

Ein Kerker.

Gloster.

Euer Schlafzimmer.

Anna.

Verbannt sei Ruh' vom Zimmer, wo du liegst.

Gloster.

Das ist sie, Herrin, bis ich bei Euch liege.

Anna.

Ich hoff es.

Gloster.

Ich weiß es. - Doch, liebe Lady Anna,

Um aus dem raschen Anlauf unsres Witzes

In einen mehr gesetzten Ton zu fallen:

Ist, wer verursacht den zu frühen Tod

Der zwei Plantagenets, Heinrich und Eduard,

So tadelnswert als der Vollzieher nicht?

Anna.

Du warst die Ursach' und verfluchte Wirkung.

Gloster.

Eu'r Reiz allein war Ursach' dieser Wirkung,

Eu'r Reiz, der heim mich sucht' in meinem Schlaf,

Von aller Welt den Tod zu unternehmen

Für eine Stund' an Eurem süßen Busen.

Anna.

Dächt' ich das, Mörder, diese Nägel sollten

Von meinen Wangen reißen diesen Reiz.

Gloster.

Dies Auge kann den Reiz nicht tilgen sehn;

Ihr tätet ihm kein Leid, stünd' ich dabei.

Wie alle Welt sich an der Sonne labt,

So ich an ihm: er ist mein Tag, mein Leben.

Anna.

Nacht schwärze deinen Tag und Tod dein Leben.

Gloster.

Fluch, hold Geschöpf, dir selbst nicht: du bist beides.

Anna.

Ich wollt', ich wär's, um mich an dir zu rächen.

Gloster.

Es ist ein Handel wider die Natur,

Dich rächen an dem Manne, der dich liebt.

Anna.

Es ist ein Handel nach Vernunft und Recht,

Mich rächen an dem Mörder meines Gatten.

Gloster.

Der dich beraubte, Herrin, deines Gatten,

Tat's, dir zu schaffen einen bessern Gatten.

Anna.

Ein beßrer atmet auf der Erde nicht.

Gloster.

Es lebt wer, der Euch besser liebt als er.

Anna.

Nenn ihn.

Gloster.

Plantagenet.

Anna.

So hieß ja er.

Gloster.

Derselbe Name, doch bei beßrer Art.

Anna.

Wo ist er?

Gloster.

Hier.

(Sie speit nach ihm.)

Warum speist du mich an?

Anna.

Wär' es doch tödlich Gift, um deinethalb!

Gloster.

Niemals kam Gift aus solchem süßen Ort.

Anna.

Niemals hing Gift an einem schnödern Molch.
Aus meinen Augen fort! du steckst sie an.

Gloster.

Dein Auge, Herrin, hat meins angesteckt.

Anna.

O wär's ein Basilisk, dich totzublitzen!

Gloster.

Ich wollt' es selbst, so stürb' ich auf einmal,
Denn jetzo gibt es mir lebend'gen Tod.
Dein Aug' erpreßte meinen salze Tränen,
Beschämt' ihr Licht mit kind'scher Tropfen Fülle,
Die Augen, nie benetzt von Mitleidstränen:
Nicht als mein Vater York und Eduard weinten
Bei Rutlands bangem Jammer, da sein Schwert
Der schwarze Clifford zückte wider ihn;
Noch als dein tapfrer Vater wie ein Kind
Kläglich erzählte meines Vaters Tod
Und zehnmal innehielt zu schluchzen, weinen,
Daß, wer dabeistand, naß die Wangen hatte
Wie Laub im Regen: in der traur'gen Zeit
Verwarf mein männlich Auge niedre Tränen,

Und was dies Leid ihm nicht entsaugen konnte,
Das tat dein Reiz und macht' es blind vom Weinen.
Ich flehte niemals weder Freund noch Feind,
Nie lernte meine Zunge Schmeichelworte:
Doch nun dein Reiz mir ist gesetzt zum Preis,
Da fleht mein stolzes Herz und lenkt die Zunge.
(Sie sieht ihn verächtlich an.)
Nein, lehr nicht deine Lippen solchen Hohn:
Zum Kuß geschaffen, Herrin, sind sie ja.
Kann nicht verzeihn dein rachbegierig Herz,
So biet ich, sieh! dies scharfgespitzte Schwert;
Birg's, wenn du willst, in dieser treuen Brust
Und laß die Seel' heraus, die dich vergöttert:
Ich lege sie dem Todesstreiche bloß
Und bitt, in Demut kniend, um den Tod.
(Er entblößt seine Brust, sie zielt mit dem Degen nach ihm.)
Nein, zögre nicht: ich schlug ja König Heinrich,
Doch deine Schönheit reizte mich dazu.
Nur zu! Denn ich erstach den jungen Eduard:
(Sie zielt wieder nach seiner Brust.)
Jedoch dein himmlisch Antlitz trieb mich an.
(Sie läßt den Degen fallen.)
Nimm auf den Degen, oder nimm mich auf.

Anna.

Steh, Heuchler, auf! Wünsch ich schon deinen Tod,

So will ich doch nicht sein Vollstrecker sein.

Gloster.

So heiß mich selbst mich töten, und ich will's.

Anna.

Ich tat es schon.

Gloster.

Das war in deiner Wut.

Sag's noch einmal, und gleich soll diese Hand,

Die deine Lieb' aus Lieb' erschlug zu dir,

Weit treuere Liebe dir zulieb' erschlagen;

Du wirst an beider Tod mitschuldig sein.

Anna.

Kennt' ich doch nur dein Herz!

Gloster.

Auf meiner Zunge wohnt's.

Anna.

Vielleicht sind beide falsch.

Gloster.

Dann meint es niemand treu.

Anna.

Nun wohl, steckt ein das Schwert.

Gloster.

Gewährst du Frieden mir?

Anna.

Das sollt Ihr künftig sehn.

Gloster.

Darf ich in Hoffnung leben?

Anna.

Ich hoffe, jeder tut's.

Gloster.

Tragt diesen Ring von mir.

Anna.

Annehmen ist nicht geben.

(Sie steckt den Ring an.)

Gloster.

Sieh, wie der Ring umfasset deinen Finger,
So schließt dein Busen ein mein armes Herz;
Trag beide, denn sie sind ja beide dein.
Und wenn dein treuster Diener *eine* Gunst
Erbitten darf von deiner gnäd'gen Hand,
So sicherst du sein Glück ihm zu für immer.

Anna.

Was ist es?

Gloster.

Daß Ihr dies traur'ge Werk dem überlaßt,
Der größre Ursach' leidzutragen hat,

Und Euch sogleich nach Crosby-Hof begebt;
Wo ich, nachdem ich feierlich bestattet
In Chertsey-Münster diesen edlen König
Und reuevoll sein Grab genetzt mit Tränen,
Mit aller schuld'gen Ehr' Euch will besuchen.
Aus mancherlei geheimen Gründen bitt ich,
Gewährt mir dies.

Anna.

Von ganzem Herzen, und es freut mich sehr,
Zu sehn, daß Ihr so reuig worden seid. –
Wessel und Berkeley, kommt, begleitet mich.

Gloster.

Sagt mir Lebwohl.

Anna.

‘s ist mehr als Ihr verdient,
Doch weil Ihr, Euch zu schmeicheln, mich gelehrt,
So denkt, ich sagte schon Euch Lebewohl.

(Prinzessin Anna mit den beiden Edelleuten ab.)

Gloster.

Nehmt auf die Leich', ihr Herrn.

Zweiter Edelmann.

Nach Chertsey, edler Lord?

Gloster.

Nein, zu den Karmelitern; dort erwartet mich.

(Der Zug mit der Leiche ab.)

Ward je in dieser Laun' ein Weib gefreit?
Ward je in dieser Laun' ein Weib gewonnen?
Ich will sie haben, doch nicht lang behalten.
Wie? ich, der Mörder ihres Manns und Vaters,
In ihres Herzens Abscheu sie zu fangen,
Im Munde Flüche, Tränen in den Augen,
Der Zeuge ihres Hasses blutend da;
Gott, ihr Gewissen, all dies wider mich,
Kein Freund, um mein Gesuch zu unterstützen,
Als Heuchlerblicke und der bare Teufel,
Und doch sie zu gewinnen! Alles gegen nichts!
Ha!
Entfiel so bald ihr jener wackre Prinz,
Eduard, ihr Gatte, den ich vor drei Monden
Zu Tewkesbury in meinem Grimm erstach?
Solch einen holden liebenswürd'gen Herrn,
In der Verschwendung der Natur gebildet,
Jung, tapfer, weis' und sicher königlich,
Hat nicht die weite Welt mehr aufzuweisen:
Und will sie doch ihr Aug' auf mich erniedern,
Der dieses Prinzen goldne Blüte brach
Und sie verwitwet im betrübten Bett?
Auf mich, der nicht dem halben Eduard gleichkommt?

Auf mich, der hinkt und mißgeschaffen ist?
Mein Herzogtum für einen Bettlerpfennig,
Ich irre mich in mir die ganze Zeit:
So wahr ich lebe, kann ich's gleich nicht finden,
Sie find't, ich sei ein wunderhübscher Mann.
Ich will auf einen Spiegel was verwenden
Und ein paar Dutzend Schneider unterhalten,
Um Trachten auszusinnen, die mir stehn.
Da ich bei mir in Gunst gekommen bin,
So will ich's auch mich etwas kosten lassen.
Doch schaff ich den Gesellen erst ins Grab
Und kehre jammernd dann zur Liebsten um.
Komm, holde Sonn', als Spiegel mir zustatten
Und zeige, wenn ich geh, mir meinen Schatten.

(Ab.)

DRITTE SZENE

Ebendaselbst. Ein Zimmer im Palast.

(Königin Elisabeth, Lord Rivers, Marquis von Dorset und Lord Grey treten auf.)

Rivers.

Seid ruhig, Fürstin: bald wird Seine Majestät
Sich wieder im erwünschten Wohlsein finden.

Grey.

Es macht ihn schlimmer, daß Ihr's übel tragt:
Um Gottes willen also, seid getrost
Und muntert ihn mit frohen Worten auf.

Elisabeth.

Was würde mir begegnen, wär' er tot?

Grey.

Kein ander Leid, als solches Herrn Verlust.

Elisabeth.

Solch eines Herrn Verlust schließt jedes ein.

Grey.

Der Himmel schenkt' Euch einen wackern Sohn,
Wenn er dahin ist, Tröster Euch zu sein.

Elisabeth.

Ach! er ist jung, und bis zur Mündigkeit
Führt über ihn die Sorge Richard Gloster,
Ein Mann, der mich nicht liebt, noch wen von euch.

Rivers.

Ist's ausgemacht, daß er Protektor wird?

Elisabeth.

Es ist beschlossen, noch nicht ausgemacht:
Allein es muß sein, wenn der König abgeht.

(Buckingham und Stanley treten auf.)

Grey.

Da sind die Lords von Buckingham und Stanley.

Buckingham.

Eu'r königlichen Gnaden Heil und Glück!

Stanley.

Gott mög' Eu'r Majestät erfreun wie ehmals!

Elisabeth.

Die Gräfin Richmond, lieber Mylord Stanley,

Sagt auf Eu'r gut Gebet wohl schwerlich Amen.

Doch, Stanley, ob sie Euer Weib schon ist

Und mich nicht liebt, seid, bester Lord, versichert,

Ich haß Euch nicht um ihren Übermut.

Stanley.

Meßt, ich ersuch Euch, keinen Glauben bei

Den Lästerungen ihrer falschen Kläger;

Und würde sie auf gült'gen Grund verklagt,

Tragt ihre Schwäche, die gewiß entsteht

Aus kranken Grillen, nicht bedachter Bosheit.

Elisabeth.

Saht Ihr den König heute, Mylord Stanley?

Stanley.

Wir kommen, Herzog Buckingham und ich,

Nur eben jetzt von Seiner Majestät.

Elisabeth.

Was ist für Anschein seiner Beßrung, Lords?

Buckingham.

Die beste Hoffnung, Eu'r Gemahl spricht munter.

Elisabeth.

Gott geb' ihm Heil! Bespracht Ihr Euch mit ihm?

Buckingham.

Ja, gnäd'ge Frau: er wünscht den Herzog Gloster
Mit Euren Brüdern wieder auszusöhnen
Und diese mit dem Oberkämmerer
Und hieß vor Seiner Hoheit sie erscheinen.

Elisabeth.

Wär' alles gut! Doch das wird nimmer sein:
Ich fürchte, unser Glück hat seine Höh'.

(Gloster und Hastings.)

Gloster.

Sie tun mir Unrecht, und ich will's nicht dulden.
Wer sind sie, die beim König sich beklagen,
Ich sei, man denke, hart und lieb' sie nicht?
Beim heil'gen Paul, der liebt ihn obenhin,
Wer so sein Ohr mit Zankgerüchten anfüllt.
Weil ich nicht schmeicheln und beschwatzen kann,
Zulachen, streicheln, hintergehn und kriechen,
Fuchsschwänzend wie ein Franzmann und ein Aff',
So hält man mich für einen häm'schen Feind.
Kann denn ein schlichter Mann nicht harmlos leben,
Daß nicht sein redlich Herz mißhandelt würde

Von seidnen, schlauen, schmeichlerischen Gecken?

Grey.

Mit wem in diesem Kreis spricht Euer Gnaden?

Gloster.

Mit dir, der weder Tugend hat noch Gnade.
Wann kränkt' ich dich? wann tat ich dir zu nah?
Und dir? und dir? Wann einem eurer Rotte?
Die Pest euch allen! Unser gnäd'ger Fürst –
Den Gott erhalte, besser als ihr wünscht! –
Kann kaum ein Atemholen ruhig sein,
Daß ihr ihn nicht mit wüsten Klagen stört.

Elisabeth.

Bruder von Gloster, Ihr mißnehmt die Sache.
Der König hat, auf eignen höchsten Antrieb
Und nicht bewogen durch ein fremd Gesuch,
Vielleicht vermutend Euren innern Haß,
Der sich in Eurem äußern Tun verrät,
Auf meine Kinder, Brüder und mich selbst,
Zu Euch gesandt, damit er so erfahre
Die Ursach' Eures Grolls und weg sie schaffe.

Gloster.

Ich weiß es nicht - die Welt ist so verderbt,
Zaunkön'ge hausen, wo's kein Adler wagt.
Seit jeder Hans zum Edelmanne ward,

So wurde mancher edle Mann zum Hans.

Elisabeth.

Schon gut! man kennt die Meinung, Bruder Gloster:
Ihr neidet mein und meiner Freunde Glück.
Gott gebe, daß wir nie Euch nötig haben!

Gloster.

Gott gibt indes, daß wir Euch nötig haben;
Denn unser Bruder ist durch Euch verhaftet,
Ich selbst in Ungnad', und der Adel preis
Der Schmach gegeben, da man hohe Posten
Täglich verleiht, mit Ehren die zu krönen,
Die gestern keine Kron' im Beutel hatten.

Elisabeth.

Bei dem, der mich zu banger Höh' erhob,
Von dem zufriednen Los, das ich genoß!
Ich reizte niemals Seine Majestät
Wider den Herzog Clarence, war vielmehr
Ein Anwalt, welcher eifrig für ihn sprach.
Mylord, Ihr tut mir schmählich Unrecht an,
Da Ihr mich falsch in solchen Argwohn bringt.

Gloster.

Ihr könnt auch leugnen, daß Ihr Schuld gehabt
An Mylord Hastings neulichem Verhaft.

Rivers.

Sie kann's, Mylord; denn –

Gloster.

Sie kann's, Lord Rivers? Ei, wer weiß das nicht?

Sie kann noch mehr als dieses leugnen, Herr:

Sie kann Euch helfen zu manch schönem Posten,

Dann leugnen ihre Hand im Spiel dabei

Und alles nennen des Verdienstes Lohn.

Was kann sie nicht? Sie kann - ja traun! sie kann –

Rivers.

Was kann sie, traun?

Gloster.

Was kann sie traun? Mit einem König traun,

Und der ein Junggesell, ein hübscher Bursch!

Hat Eure Großmama so gut gefreit?

Elisabeth.

Mylord von Gloster, allzu lang ertrug ich

Eu'r plumpes Schelten und Eu'r bittres Schmähn.

Ich melde Seiner Majestät, beim Himmel,

Den groben Hohn, den ich so oft erlitt.

Ich wäre lieber eine Bauermagd

Als große Königin mit der Bedingung,

Daß man mich so verachtet und bestürmt.

Ich habe wenig Freud' auf Englands Thron.

(Königin Margaretha erscheint im Hintergrunde.)

Margaretha.

Das Wen'ge sei verringert, Gott, so fleh ich!
Denn mir gebührt dein Rang und Ehrensitz.

Gloster.

Was? droht Ihr mir, dem König es zu sagen?
Sagt's ihm und schont nicht; seht, was ich gesagt,
Behaupt ich in des Königs Gegenwart.
Ich wag es drauf, in Turm geschickt zu werden.
's ist Redens Zeit: man denkt nicht meiner Dienste.

Margaretha.

Fort, Teufel! Ihrer denk ich allzu wohl.
Du brachtest meinen Gatten um im Turm,
Und meinen armen Sohn zu Tewkesbury.

Gloster.

Eh' Ihr den Thron bestiegt und Eu'r Gemahl,
War ich das Packpferd seines großen Werks,
Ausrotter seiner stolzen Widersacher,
Freigebiger Belohner seiner Freunde;
Sein Blut zu fürsten, hab ich meins vergossen.

Margaretha.

Ja, und viel beßres Blut als seins und deins.

Gloster.

In all der Zeit war't Ihr und Grey, Eu'r Mann,
Parteiisch für das Haus von Lancaster;

Ihr, Rivers, war't es auch. - Fiel Euer Mann
Nicht zu Sankt Albans in Margrethas Schlacht?
Erinnern muß ich Euch, wenn Ihr's vergeßt,
Was Ihr zuvor gewesen und nun seid;
Zugleich, was ich gewesen und noch bin.

Margaretha.

Ein mörderischer Schurk', und bist es noch.

Gloster.

Verließ nicht Clarence seinen Vater Warwick,
Ja, und brach seinen Eid - vergeb' ihm Jesus! –

Margaretha.

Bestraf' ihn Gott!

Gloster.

Um neben Eduard für den Thron zu fechten?
Zum Lohn sperrt man den armen Prinzen ein.
Wär' doch mein Herz steinhart wie Eduard seins,
Wo nicht, seins weich und mitleidsvoll wie meins!
Ich bin zu kindisch töricht für die Welt.

Margaretha.

So fahr zur Hölle und verlaß die Welt,
Du Kakodämon! Dort ist ja dein Reich.

Rivers.

Mylord von Gloster, in der heißen Zeit,
Woran Ihr mahnt, der Feindschaft uns zu zeihn,

Da hielten wir an unserm Herrn und König,
Wie wir an Euch es täten, wenn Ihr's würdet.

Gloster.

Wenn ich es würde? Lieber ein Hausierer!
Fern meinem Herzen sei's, es nur zu denken.

Elisabeth.

So wenig Freude, Mylord, als Ihr denkt,
Daß Ihr genößt als dieses Landes König:
So wenig Freude mögt Ihr denken auch,
Daß ich genieß als dessen Königin.

Margaretha.

Ja, wenig Freud' hat dessen Königin:
Ich bin es, und bin gänzlich freudenlos.
Ich kann nicht länger mich geduldig halten. –
(Sie tritt vor.)
Hört mich, Piraten, die ihr hadernd zankt,
Indem ihr teilt, was ihr geraubt von mir!
Wer von euch zittert nicht, der auf mich schaut?
Beugt euch der Königin als Untertanen,
Sonst bebt vor der Entsetzten als Rebellen. –
Ha, lieber Schurke! wende dich nicht weg!

Gloster.

Was schaffst du, schnöde Hexe, mir vor Augen?

Margaretha.

Nur Wiederholung des, was du zerstört;

Das will ich schaffen, eh' ich gehn dich lasse.

Gloster.

Bist du bei Todesstrafe nicht verbannt?

Margaretha.

Ich bin's, doch größte Pein find ich in meinem Bann,

Als mir der Tod kann bringen, weil ich blieb.

Den Gatten und den Sohn bist du mir schuldig –

Und du das Königreich - ihr alle, Dienstpflicht;

Dies Leiden, das ich habe, kommt euch zu,

Und alle Lust, die ihr euch anmaßt, mir.

Gloster.

Der Fluch, den dir mein edler Vater gab,

Als mit Papier die Heldenstirn du kröntest

Und höhnend Bäch' aus seinen Augen zogst,

Und reichtest, sie zu trocknen, ihm ein Tuch,

Getaucht ins reine Blut des holden Rutland:

Die Flüch', aus seiner Seele Bitterkeit

Dir da verkündigt, sind auf dich gefallen,

Und Gott, nicht wir, straft deine blut'ge Tat.

Elisabeth.

Ja, so gerecht ist Gott zum Schutz der Unschuld.

Hastings.

Oh, es war die schnödste Tat, das Kind zu morden,

Die unbarmherzigste, die je gehört ward!

Rivers.

Tyrannen weinten, als man sie erzählte.

Dorset.

Kein Mensch war, der nicht Rache prophezeite.

Buckingham.

Northumberland, der 's ansah, weinte drum.

Margaretha.

Wie? fletschtet ihr die Zähne, wie ich kam,
Bereit schon, bei der Gurgel euch zu packen,
Und kehrt ihr nun all euren Haß auf mich?
Galt Yorks ergrimmter Fluch so viel im Himmel,
Daß Heinrichs Tod, des süßen Eduards Tod,
Des Reichs Verlust, mein wehevoller Bann,
Genugtut bloß für das verzogne Bübchen?
Dringt denn ein Fluch die Wolken durch zum Himmel?
Wohl! trennt die schweren Wolken, rasche Flüche! –
Wo nicht durch Krieg, durch Prassen sterb' eu'r König,
Wie Mord des unsern ihn gemacht zum König!
Eduard, dein Sohn, der jetzo Prinz von Wales,
Statt Eduard, meines Sohns, sonst Prinz von Wales,
Sterb' in der Jugend, vor der Zeit, gewaltsam!
Du, Königin statt meiner, die ich's war,
Gleich mir Elenden überleb dein Los!

Lang lebe, deine Kinder zu bejammern!
Sieh eine andre, wie ich jetzo dich,
Gekleidet in dein Recht, wie du in meins!
Lang sterbe deines Glückes Tag vor dir,
Und nach viel langen Stunden deines Grams
Stirb, weder Mutter, Weib, noch Königin!
Rivers und Dorset, ihr saht zu dabei –
Auch du, Lord Hastings -, als man meinen Sohn
Erstach mit blut'gen Dolchen: Gott, den fleh ich,
Daß euer keiner sein natürlich Alter
Erreich' und plötzlich werde weggerafft!

Gloster.

Schließ deinen Spruch, verschrumpfte böse Hexe!

Margaretha.

Und ließ' dich aus? Bleib, Hund, du mußt mich hören.
Bewahrt der Himmel eine schwere Plage,
Die übertrifft, was ich dir weiß zu wünschen,
O spar' er sie, bis deine Sünden reif,
Dann schleudr' er seinen Grimm herab auf dich,
Den Friedensstörer dieser armen Welt!
Dich nage rastlos des Gewissens Wurm!
Argwöhne stets die Freunde wie Verräter,
Und Erzverräter acht als Busenfreunde!
Dein tödlich Auge schließe nie der Schlaf,

Es sei denn, weil ein peinigender Traum
Dich schreckt mit einer Hölle grauser Teufel!
Du Mißgeburt voll Mäler! wühlend Schwein!
Du, der gestempelt ward bei der Geburt
Der Sklave der Natur, der Hölle Sohn!
Du Schandfleck für der Mutter schweren Schoß!
Du ekler Sprößling aus des Vaters Lenden!
Du Lump der Ehre! du mein Abscheu - -

Gloster.

Margaretha.

Margaretha.

Richard.

Gloster.

He?

Margaretha.

Ich rief dich nicht.

Gloster.

So bitt ich um Verzeihung; denn ich dachte,
Du riefst mir all die bittern Namen zu.

Margaretha.

Das tat ich auch, doch Antwort wollt' ich nicht.
O laß zum Schluß mich bringen meinen Fluch!

Gloster.

Ich tat's für dich: er endigt in Margretha.

Elisabeth.

So hat Eu'r Fluch sich auf Euch selbst gewandt.

Margaretha.

Gemalte Kön'gin! Scheinbild meines Glücks!
Was streust du Zucker auf die bauch'ge Spinne,
Die dich mit tödlichem Geweb' umstrickt?
Törin! du schärfst ein Messer, das dich würgt;
Es kommt der Tag, wo du herbei mich wünschest
Zum Fluchen auf den giftgeschwollnen Molch.

Hastings.

Schließ, Wahnprophetin, deinen tollen Fluch,
Erschöpf nicht, dir zum Schaden, die Geduld.

Margaretha.

Schand' über euch! Ihr all erschöpftet meine.

Rivers.

Beratet Euch und lernet Eure Pflicht.

Margaretha.

Mich zu beraten, müßt ihr Pflicht mir leisten.
Lehrt Königin mich sein, euch Untertanen;
Beratet mich, und lernet diese Pflicht.

Dorset.

O streitet nicht mit ihr, sie ist verrückt.

Margaretha.

Still, Meister Marquis! Ihr seid naseweis,

Eu'r neugeprägter Rang ist kaum in Umlauf.
Oh, daß Eu'r junger Adel fühlen könnte,
Was ihn verlieren heißt und elend sein.
Wer hoch steht, den kann mancher Windstoß treffen,
Und wenn er fällt, so wird er ganz zerschmettert.

Gloster.

Traun, guter Rat! Marquis, nehmt ihn zu Herzen.

Dorset.

Er geht Euch an, Mylord, so sehr als mich.

Gloster.

Ja, und weit mehr: Doch ich bin hochgeboren;
In Zedernwipfeln nistet unsre Brut
Und tändelt mit dem Wind und trotzt der Sonne.

Margaretha.

Und hüllt die Sonn' in Schatten - weh! ach weh!
Das zeugt mein Sohn, im Todesschatten jetzt;
Des strahlend lichten Schein dein wolk'ger Grimm
Mit ew'ger Finsternis umzogen hat.
In unsrer Jungen Nest baut eure Brut.
O Gott, der du es siehest, duld es nicht!
Was Blut gewann, sei auch so eingebüßt!

Buckingham.

Still, still! aus Scham, wo nicht aus Christenliebe.

Margaretha.

Rückt Christenliebe nicht, noch Scham mir vor.
Unchristlich seid ihr mit mir umgegangen,
Und schamlos würgtet ihr mir jede Hoffnung.
Wut ist mein Lieben, Leben meine Schmach;
Stets leb' in meiner Schmach des Leidens Wut.

Buckingham.

Hört auf! hört auf!

Margaretha.

O Buckingham, ich küsse deine Hand
Zum Pfand der Freundschaft und des Bunds mit dir.
Dir geh' es wohl und deinem edlen Haus!
Dein Kleid ist nicht befleckt mit unserm Blut,
Und du nicht im Bezirke meines Fluchs.

Buckingham.

Auch keiner sonst; nie überschreiten Flüche
Die Lippen des, der in die Luft sie haucht.

Margaretha.

Ich glaube doch, sie steigen himmelan
Und wecken Gottes sanft entschlafnen Frieden.
O Buckingham, weich aus dem Hunde dort!
Sieh, wann er schmeichelt, beißt er; wann er beißt,
So macht sein gift'ger Zahn zum Tode wund.
Hab nichts mit ihm zu schaffen, weich ihm aus!
Tod, Sünd' und Hölle haben ihn gezeichnet,

Und ihre Diener all umgeben ihn.

Gloster.

Was sagt sie da, Mylord von Buckingham?

Buckingham.

Nichts, das ich achte, mein gewogner Herr.

Margaretha.

Wie? höhnst du mich für meinen treuen Rat
Und hegst den Teufel da, vor dem ich warne?
O denke des auf einen andern Tag,
Wenn er dein Herz mit Gram zerreißt, und sage:
Die arme Margaretha war Prophetin.
Leb' euer jeder, seinem Haß zum Ziel,
Und er dem euren, und ihr alle Gottes!

(Ab.)

Hastings.

Mir sträubt das Haar sich, fluchen sie zu hören.

Rivers.

Mir auch; es wundert mich, daß man so frei sie läßt.

Gloster.

Ich schelte nicht sie, bei der Mutter Gottes!
Sie hat zu viel gelitten, und mich reut
Mein Teil daran, was ich ihr angetan.

Elisabeth.

Ich tat ihr nie zu nah, soviel ich weiß.

Gloster.

Doch habt Ihr allen Vorteil ihres Leids.

Ich war zu hitzig, jemand wohlzutun,

Der nun zu kalt ist, mir es zu gedenken.

Mein Treu, dem Clarence wird es gut vergolten:

Man mästet ihn für seine Müh' im Kofen.

Verzeih Gott denen, welche schuld dran sind!

Rivers.

Ein tugendhafter christlicher Beschluß,

Für die zu beten, die uns Böses tun!

Gloster.

Das tu ich immer, weislich so belehrt: -

(Beiseit.)

Denn flucht' ich jetzt, hätt' ich mich selbst verflucht.

(Catesby tritt auf.)

Catesby.

Fürstin, Euch fordert Seine Majestät; -

Eu'r Gnaden auch - und Euch, Ihr edlen Lords.

Elisabeth.

Ich komme, Catesby. - Geht Ihr mit mir, Lords?

Rivers.

Wir sind zu Euer Gnaden Dienst.

(Alle ab, außer Gloster.)

Gloster.

Ich tu das Bös' und schreie selbst zuerst.
Das Unheil, das ich heimlich angestiftet,
Leg ich den andern dann zur schweren Last.
Clarence, den ich in Finsternis gelegt,
Bewein ich gegen manchen blöden Tropf,
Ich meine Stanley, Hastings, Buckingham,
Und sage, daß die Kön'gin und ihr Anhang
Den König wider meinen Bruder reizen.
Nun glauben sie's und stacheln mich zugleich
Zur Rache gegen Rivers, Vaughan, Grey;
Dann seufz ich, und nach einem Spruch der Bibel
Sag ich, Gott heiße Gutes tun für Böses;
Und so bekleid ich meine nackte Bosheit
Mit alten Fetzen, aus der Schrift gestohlen,
Und schein ein Heil'ger, wo ich Teufel bin.

(Zwei Mörder kommen.)

Doch still! da kommen meine Henkersknechte. –
Nun, meine wackern, tüchtigen Gesellen,
Geht ihr anjetzt, den Handel abzutun?

Erster Mörder.

Ja, gnäd'ger Herr, und kommen um die Vollmacht,
Damit man uns einlasse, wo er ist.

Gloster.

Ganz wohl bedacht! Ich habe hier sie bei mir;

(Gibt ihnen die Vollmacht.)

Wann ihr's vollbracht habt, kommt nach Crosby-Hof.

Doch seid mir schleunig bei der Ausführung,

Zugleich verhärtet euch, hört ihn nicht an;

Denn Clarence ist beredt und kann vielleicht

Das Herz euch rühren, wenn ihr auf ihn achtet.

Erster Mörder.

Pah, gnäd'ger Herr! Wir schwatzen nicht erst lang;

Wer Worte macht, tut wenig: seid versichert,

Die Hände brauchen wir und nicht die Zungen.

Gloster.

Ihr weint Mühlsteine, wie die Narren Tränen;

Ich hab euch gerne, Burschen: frisch ans Werk!

Geht! geht! macht zu!

Erster Mörder.

Wir wollen's, edler Herr.

(Alle ab.)

VIERTE SZENE

Ein Zimmer im Turm.

(Clarence und Brakenbury treten auf.)

Brakenbury.

Wie sieht Eu'r Gnaden heut so traurig aus?

Clarence.

Oh, ich hatt' eine jämmerliche Nacht,
Voll banger Träume, scheußlicher Gesichte!
So wahr als ich ein frommer gläub'ger Christ,
Ich brächte nicht noch eine Nacht so zu,
Gält' es auch eine Welt beglückter Tage:
So voll von grausem Schrecken war die Zeit.

Brakenbury.

Was war Eu'r Traum, Mylord? Ich bitt Euch, sagt mir.

Clarence.

Mir deucht', ich war entsprungen aus dem Turm
Und eingeschifft, hinüber nach Burgund,
Und mich begleitete mein Bruder Gloster.
Der lockt' aus der Kajüte mich, zu gehn
Auf dem Verdeck; von da sahn wir nach England
Und führten tausend schlimme Zeiten an
Vom Kriege zwischen York und Lancaster,
Die uns betroffen. Wie wir schritten so

Auf des Verdeckes schwindlichtem Getäfel,
Schien mir's, daß Gloster strauchelt' und im Fallen
Mich, der ihn halten wollte, über Bord
In das Gewühl der Meereswogen riß.
O Gott! wie qualvoll schien mir's, zu ertrinken!
Welch grauser Lärm des Wassers mir im Ohr!
Welch scheußlich Todesschauspiel vor den Augen!
Mir deucht', ich säh' den Graus von tausend Wracken,
Säh' tausend Menschen, angenagt von Fischen;
Goldklumpen, große Anker, Perlenhaufen,
Stein' ohne Preis, unschätzbare Juwelen,
Zerstreuet alles auf dem Grund der See.
In Schädeln lagen ein'ge; in den Höhlen,
Wo Augen sonst gewohnt, war eingenistet,
Als wie zum Spotte, blinkendes Gestein,
Das buhlte mit der Tiefe schlamm'gem Grund
Und höhnte die Gerippe ringsumher.

Brakenbury.

Ihr hattet Muß' im Augenblick des Todes,
Der Tiefe Heimlichkeiten auszuspähn?

Clarence.

Mir deuchte so, und oft strebt' ich den Geist
Schon aufzugeben: doch die neid'sche Flut
Hielt meine Seel' und ließ sie nicht heraus,

Die weite, leere, freie Luft zu suchen;
Sie würgte mir sie im beklommnen Leib,
Der fast zerbarst, sie in die See zu spein.

Brakenbury.

Erwachtet Ihr nicht von der Todesangst?

Clarence.

O nein, mein Traum fuhr nach dem Leben fort:
Oh, da begann erst meiner Seele Sturm!
Mich setzte über die betrübte Flut
Der grimme Fährmann, den die Dichter singen,
In jenes Königreich der ew'gen Nacht.
Zum ersten grüßte da die fremde Seele
Mein Schwiegervater, der berühmte Warwick.
Laut schrie er: "Welche Geißel für Verrat
Verhängt dies düstre Reich dem falschen Clarence?"
Und so verschwand er. Dann vorüber schritt
Ein Schatte wie ein Engel, helles Haar
Mit Blut besudelt, und er schrie laut auf:
"Clarence ist da, der eidvergeßne Clarence,
Der mich im Feld bei Tewkesbury erstach!
Ergreift ihn, Furien! nehmt ihn auf die Folter!"
Somit umfing mich eine Legion
Der argen Feind' und heulte mir ins Ohr
So gräßliches Geschrei, daß von dem Lärm

Ich bebend aufwacht' und noch längst nachher
Nicht anders glaubt', als ich sei in der Hölle:
So schrecklich eingeprägt war mir der Traum.

Brakenbury.

Kein Wunder, Herr, daß Ihr Euch drob entsetzt;
Mir bangt schon, da ich's Euch erzählen höre.

Clarence.

O Brakenbury, ich tat alles dies,
Was jetzo wider meine Seele zeugt,
Um Eduards halb: - und sieh, wie lohnt er's mir!
O Gott, kann dich mein innig Flehn nicht rühren,
Und willst du rächen meine Missetaten,
So übe deinen Grimm an mir allein!
schon mein schuldlos Weib, die armen Kinder! –
Ich bitt dich, lieber Wärter, bleib bei mir:
Mein Sinn ist trüb, und gerne möcht ich schlafen.

Brakenbury.

Ich will's, Mylord; Gott geb' Euch gute Ruh'!
(Clarence setzt sich zum Schlafen in einen Lehnstuhl.)
Leid bricht die Zeiten und der Ruhe Stunden,
Schafft Nacht zum Morgen und aus Mittag Nacht.
Nur Titel sind der Prinzen Herrlichkeiten,
Ein äußrer Glanz für eine innre Last;
Für ungefühlte Einbildungen fühlen

Sie eine Welt rastloser Sorgen oft.

So daß von ihren Titeln niedern Rang

Nichts unterscheidet als des Ruhmes Klang.

(Die beiden Mörder kommen.)

Erster Mörder.

He! wer ist da?

Brakenbury.

Was willst du, Kerl? wie bist du hergekommen?

Erster Mörder.

Ich will Clarence sprechen, und ich bin auf meinen Beinen hergekommen.

Brakenbury.

Wie? so kurz ab?

Zweiter Mörder.

O Herr, besser kurz ab als langweilig. –

Zeige ihm unsern Auftrag, laß dich nicht weiter ein.

(Sie überreichen dem Brakenbury ein Papier, welches er liest.)

Brakenbury.

Ich werde hier befehligt, euren Händen

Den edlen Herzog Clarence auszuliefern.

Ich will nicht grübeln, was hiemit gemeint ist,

Denn ich will schuldlos an der Meinung sein.

Hier sind die Schlüssel, dorten schläft der Herzog.

Ich will zum König, um ihm kundzutun,

Daß ich mein Amt so an euch abgetreten.

Erster Mörder.

Das mögt Ihr, Herr; es wird weislich getan sein. Gehabt Euch wohl.

(Brakenbury ab.)

Zweiter Mörder.

Wie? sollen wir ihn so im Schlaf erstechen?

Erster Mörder.

Nein, er wird sagen, das war feige von uns, wenn er aufwacht.

Zweiter Mörder.

Wenn er aufwacht! Ei, Narr, er wacht gar nicht wieder auf bis zum großen Gerichtstag.

Erster Mörder.

Ja, dann wird er sagen, wir haben ihn im Schlaf erstochen.

Zweiter Mörder.

Die Erwähnung des Wortes Gerichtstag hat eine Art Gewissensbiß in mir erregt.

Erster Mörder.

Was? du fürchtest dich?

Zweiter Mörder.

Nicht, ihn umzubringen, dazu hab ich ja die Vollmacht;

Aber verdammt dafür zu werden, wovor mich keine Vollmacht schützen kann.

Erster Mörder.

Ich dachte, du wärst entschlossen.

Zweiter Mörder.

Das bin ich auch, ihn leben zu lassen.

Erster Mörder.

Ich gehe wieder zum Herzog von Gloster und sage es ihm.

Zweiter Mörder.

Nicht doch, ich bitte dich, wart ein Weilchen.

Ich hoffe, diese fromme Laune soll übergehn:

Sie pflegt bei mir nicht länger anzuhalten, als derweil man etwa zwanzig zählt.

Erster Mörder.

Wie ist dir jetzt zumute?

Zweiter Mörder.

Mein Treu, es steckt immer noch ein gewisser Bodensatz von Gewissen in mir.

Erster Mörder.

Denk an unsern Lohn, wenn's getan ist.

Zweiter Mörder.

Recht! Er ist des Todes. Den Lohn hatt' ich vergessen.

Erster Mörder.

Wo ist dein Gewissen nun?

Zweiter Mörder.

Im Beutel des Herzogs von Gloster.

Erster Mörder.

Wenn er also seinen Beutel aufmacht, uns den Lohn zu zahlen, so fliegt dein Gewissen heraus.

Zweiter Mörder.

Es tut nichts, laß es laufen; es mag's ja doch beinahe kein Mensch hegen.

Erster Mörder.

Wie aber, wenn sich's wieder bei dir einstellt?

Zweiter Mörder.

Ich will nichts damit zu schaffen haben, es ist ein gefährlich Ding, es macht einen zur Memme. Man kann nicht stehlen, ohne daß es einen anklagt; man kann nicht schwören, ohne daß es einen zum Stocken bringt; man kann nicht bei seines Nachbars Frau liegen, ohne daß es einen verrät. ‘s ist ein verschämter blöder Geist, der einem im Busen Aufruhr stiftet; es macht einen voller Schwierigkeiten; es hat mich einmal dahin gebracht, einen Beutel voll Gold wieder herzugeben, den ich von ungefähr gefunden hatte; es macht jeden zum Bettler, der es hegt; es wird aus Städten und Flecken vertrieben als ein gefährlich Ding, und jedermann, der gut zu leben denkt, verläßt sich auf sich selbst und lebt ohne Gewissen.

Erster Mörder.

Sapperment, es sitzt mir eben jetzt im Nacken und will mich überreden, den Herzog nicht umzubringen.

Zweiter Mörder.

Halt den Teufel fest im Gemüt und glaub ihm nicht: es will sich nur bei dir eindrängen, um dir Seufzer abzuzwingen.

Erster Mörder.

Ich habe eine starke Natur, es kann mir nichts anhaben.

Zweiter Mörder.

Das heißt gesprochen wie ein tüchtiger Kerl, der seinen guten Namen werthält. Komm, wollen wir ans Werk gehn?

Erster Mörder.

Gib ihm eins mit dem Degengriff übern Hirnkasten, und dann schmeiß ihn in das Malvasierfaß im nächsten Zimmer.

Zweiter Mörder.

Oh, herrlich ausgedacht! und mache ihn so zur Tunke.

Erster Mörder.

Still! er wacht auf.

Zweiter Mörder.

Schlag zu!

Erster Mörder.

Nein, laß uns erst mit ihm reden.

Clarence.

Wo bist du, Wärter? Einen Becher Weins!

Erster Mörder.

Ihr sollt Wein genug haben, Herr, im Augenblick.

Clarence.

Im Namen Gottes, wer bist du?

Erster Mörder.

Ein Mensch, wie Ihr seid.

Clarence.

Doch nicht, wie ich bin, königlich.

Erster Mörder.

Noch Ihr, wie wir sind, bürgerlich.

Clarence.

Dein Ruf ist Donner, doch dein Blick voll Demut.

Erster Mörder.

Des Königs ist mein Ruf, mein Blick mein eigen.

Clarence.

Wie dunkel und wie tödlich sprichst du doch!

Eu'r Auge droht mir: warum seht ihr bleich?

Wer hat euch hergesandt? weswegen kommt ihr?

Beide.

Um, um, um

Clarence.

Mich zu ermorden?

Beide.

Ja, ja.

Clarence.

Ihr habt, mir das zu sagen, kaum das Herz

Und könnt drum, es zu tun, das Herz nicht haben.

Was, meine Freunde, tat ich euch zu nah?

Erster Mörder.

Dem König tatet Ihr zu nah, nicht uns.

Clarence.

Ich söhne mich noch wieder aus mit ihm.

Zweiter Mörder.

Niemals, Mylord, drum schickt Euch an zum Tod.

Clarence.

Erlas man euch aus einer Welt von Menschen
Zum Mord der Unschuld? Was ist mein Vergehn?
Wo ist das Zeugnis, welches mich verklagt?
Was für Geschworne reichten ihr Gutachten
Dem finstern Richter ein? Den bittern Spruch,
Wer fällt' ihn zu des armen Clarence Tod?
Eh' mich der Lauf des Rechtes überführt,
Ist, mir den Tod zu drohn, höchst widerrechtlich.
Ich sag euch, wo ihr hofft auf die Erlösung
Durch Christi teures Blut, für uns vergossen:
Begebt euch weg, und legt nicht Hand an mich!
Die Tat, die ihr im Sinn habt, ist verdammlich.

Erster Mörder.

Was wir tun wollen, tun wir auf Befehl.

Zweiter Mörder.

Und er, der so befahl, ist unser König.

Clarence.

Mißleiteter Vasall! Der große König
Der Kön'ge spricht in des Gesetzes Tafel:
»Du sollt nicht töten.« Willst du sein Gebot
Denn höhnen und ein menschliches vollbringen?
Gib acht! Er hält die Rach' in seiner Hand

Und schleudert sie aufs Haupt der Übertreter.

Zweiter Mörder.

Und selb'ge Rache schleudert er auf dich,
Für falschen Meineid und für Mord zugleich.
Du nahmst das Sakrament darauf, zu fechten
Im Streite für das Haus von Lancaster.

Erster Mörder.

Und als Verräter an dem Namen Gottes
Brachst du den Eid, und dein verrätrisch Eisen
Riß auf den Leib dem Sohne deines Herrn.

Zweiter Mörder.

Dem du geschworen hattest Lieb' und Schutz.

Erster Mörder.

Wie hältst du Gottes furchtbar Wort uns vor,
Das du gebrochen in so hohem Maß?

Clarence.

Ach! wem zulieb' tat ich die üble Tat?
Für Eduard, meinen Bruder, ihm zulieb'.
Er schickt euch nicht, um dafür mich zu morden;
Denn diese Schuld drückt ihn so schwer wie mich.
Wenn Gott gerochen sein will für die Tat,
o dennoch, wißt, er tut es öffentlich:
Nehmt nicht die Sach' aus seinem mächt'gen Arm;
Er braucht nicht krumme, unrechtmäß'ge Wege,

Um die, so ihn beleidigt, wegzuräumen.

Erster Mörder.

Was machte dich zum blut'gen Diener denn,

Als, hold erwachsend, jener Fürstensproß,

Plantagenet, von dir erschlagen ward?

Clarence.

Die Bruderliebe, Satan, und mein Grimm.

Erster Mörder.

Dein Bruder, unsre Pflicht und dein Vergehn

Berufen jetzt uns her, dich zu erwürgen.

Clarence.

Ist euch mein Bruder lieb, so haßt mich nicht:

Ich bin sein Bruder, und ich lieb ihn treu.

Seid ihr um Lohn gedungen, so kehrt um

Und wendet euch an meinen Bruder Gloster;

Der wird euch besser lohnen für mein Leben

Als Eduard für die Zeitung meines Todes.

Zweiter Mörder.

Ihr irrt Euch sehr, Eu'r Bruder Gloster haßt Euch.

Clarence.

O nein! Er liebt mich und er hält mich wert.

Geht nur von mir zu ihm.

Beide.

Das woll'n wir auch.

Clarence.

Sagt ihm, als unser edler Vater York
Uns drei gesegnet mit siegreichem Arm
Und herzlich uns beschworen, uns zu lieben,
Gedacht' er wenig der getrennten Freundschaft.
Mahnt Glostern daran nur, und er wird weinen.

Erster Mörder.

Mühlsteine, ja, wie er uns weinen lehrte.

Clarence.

O nein! verleumd ihn nicht, denn er ist mild.

Erster Mörder.

Recht! Wie Schnee der Frucht. Geht, Ihr betrügt Euch selbst:
Er ist's, der uns gesandt, Euch zu vertilgen.

Clarence.

Es kann nicht sein: er weinte um mein Unglück,
Schloß in die Arme mich und schwor mit Schluchzen,
Mir eifrig meine Freiheit auszuwirken.

Erster Mörder.

Das tut er ja, da aus der Erde Knechtschaft
Er zu des Himmels Freuden Euch erlöst.

Zweiter Mörder.

Herr, söhnt Euch aus mit Gott, denn Ihr müßt sterben.

Clarence.

Hast du die heil'ge Regung in der Seele,

Daß du mit Gott mich auszusöhnen mahnst,
Und bist der eignen Seele doch so blind,
Daß du, mich mordend, Gott bekriegen willst?
Ach Leute! denkt, daß, der euch angestiftet,
Die Tat zu tun, euch um die Tat wird hassen.

Zweiter Mörder.

Was soll'n wir tun?

Clarence.

Bereut, und schafft eu'r Heil.
Wer von euch, wär' er eines Fürsten Sohn,
Vermauert von der Freiheit, wie ich jetzt,
Wofern zwei solche Mörder zu ihm kämen,
Bät' um sein Leben nicht? So wie ihr bätet,
Wärt ihr in meiner Not –

Erster Mörder.

Bereun? Das wäre memmenhaft und weibisch.

Clarence.

Nicht zu bereun ist viehisch, wild und teuflisch.
Mein Freund, ich spähe Mitleid dir im Blick:
Wofern dein Auge nicht ein Schmeichler ist,
So tritt auf meine Seit' und bitt für mich.
Rührt jeden Bettler nicht ein Prinz, der bittet?

Zweiter Mörder.

Seht hinter Euch, Mylord.

Erster Mörder. *(ersticht ihn).*

Nehmt das und das; reicht alles noch nicht hin,
So tauch ich Euch ins Malvasierfaß draußen.

(Mit der Leiche ab.)

Zweiter Mörder.

O blut'ge Tat, verzweiflungsvoll verübt!
Gern, wie Pilatus, wüsch' ich meine Hände
Von diesem höchst verruchten sünd'gen Mord.

(Der erste Mörder kommt zurück.)

Erster Mörder.

Wie nun? was denkst du, daß du mir nicht hilfst?
Bei Gott, der Herzog soll dein Zögern wissen.

Zweiter Mörder.

Wüßt' er, daß ich gerettet seinen Bruder!
Nimm du den Lohn und meld ihm, was ich sage;
Denn mich gereut am Herzog dieser Mord. *(Ab.)*

Erster Mörder.

Nicht ich; geh, feige Memme, die du bist! –
Ich will in einem Loch die Leiche bergen,
Bis daß der Herzog sie begraben läßt;
Und hab ich meinen Sold, so will ich fort:
Dies kommt heraus, drum meid ich diesen Ort. *(Ab.)*

ZWEITER AUFZUG

ERSTE SZENE

London. Ein Zimmer im Palast.

(König Eduard wird krank herein geführt; Königin Elisabeth, Dorset, Rivers, Hastings, Buckingham, Grey und andre treten auf.)

Eduard.

So recht! ich schafft' ein gutes Tagewerk. –
Ihr Pairs, verharrt in diesem ein'gen Bund!
Ich warte jeden Tag auf eine Botschaft,
Daß mein Erlöser mich erlöst von hier;
Die Seele scheidet friedlich nun zum Himmel,
Da ich den Freunden Frieden gab auf Erden.
Rivers und Hastings, reichet euch die Hände,
Hegt nicht verstellten Haß, schwört Lieb' euch zu.

Rivers.

Beim Himmel, meine Seel' ist rein von Groll,
Die Hand besiegelt meine Herzensliebe.

Hastings.

So geh's mir wohl, wie ich dies wahrhaft schwöre.

Eduard.

Gebt acht! treibt keinen Scherz vor eurem König!
Auf daß der höchste König aller Kön'ge
Die Falschheit nicht zuschanden mach' und jeden
Von euch erseh', des andern Tod zu sein.

Hastings.

Mög' ich gedeihn, wie echte Lieb' ich schwöre!

Rivers.

Und ich, wie ich von Herzen Hastings liebe!

Eduard.

Gemahl, Ihr seid hier selbst nicht ausgenommen; -

Noch Eu'r Sohn Dorset; - Buckingham, noch ihr; -

Ihr waret widerwärtig miteinander.

Frau, liebe Hastings, laß die Hand ihn küssen,

Und was du tust, das tue unverstellt.

Elisabeth.

Hier, Hastings! Nie des vor'gen Hasses denk ich:

So mög' ich samt den Meinigen gedeihn!

Eduard.

Dorset, umarm ihn. - Liebt den Marquis, Hastings.

Dorset.

Ja, dieser Tausch der Lieb', erklär ich, soll

Von meiner Seite unverletzlich sein.

Hastings.

Das schwör auch ich.

(Er umarmt Dorset.)

Eduard.

Nun siegle, edler Buckingham, dies Bündnis:

Umarm auch du die Nächsten meiner Frau,

Und mach in eurer Eintracht mich beglückt.

Buckingham. *(zur Königin)*

Wenn Buckingham je wendet seinen Haß
Auf Eure Hoheit, nicht mit schuld'ger Liebe
Euch und die Euren hegt, so straf' mich Gott
Mit Haß, wo ich am meisten Lieb' erwarte!
Wann ich am meisten einen Freund bedarf,
Und sichrer bin als je, er sei mein Freund:
Dann grundlos, hohl, verräterisch, voll Betrug
Mög' er mir sein! Vom Himmel bitt ich dies,
Erkaltet meine Lieb' Euch und den Euren.

(Er umarmt Rivers und die übrigen.)

Eduard.

Ein stärkend Labsal, edler Buckingham,
Ist meinem kranken Herzen dies dein Wort.
Nun fehlt nur unser Bruder Gloster hier
Zu dieses Friedens segensreichem Schluß.

Buckingham.

Zur guten Stunde kommt der edle Herzog.

Gloster. *(tritt auf).*

Guten Morgen meinem hohen Fürstenpaar!
Und, edle Pairs, euch einen frohen Tag!

Eduard.

Froh, in der Tat, verbrachten wir den Tag.

Bruder, wir schafften hier ein christlich Werk,
Aus Feindschaft Frieden, milde Lieb‘ aus Haß,
Bei diesen hitzig aufgereizten Pairs.

Gloster.

Gesegnetes Bemühn, mein hoher Herr!
Wenn jemand unter dieser edeln Schar
Auf falschen Argwohn oder Eingebung
Mich hält für seinen Feind;
Wenn ich unwissend oder in der Wut
Etwas begangen, das mir irgendwer,
Hier gegenwärtig, nachträgt: so begehr ich,
In Fried‘ und Freundschaft mich ihm auszusöhnen.
In Feindschaft stehen, ist mein Tod; ich haß es,
Und wünsche aller guten Menschen Liebe. –
Erst, gnäd'ge Frau, erbitt ich wahren Frieden
Von Euch, den schuld‘ger Dienst erkaufen soll; -
Von Euch, mein edler Vetter Buckingham,
Ward jemals zwischen uns ein Groll beherbergt; -
Von Euch, Lord Rivers - und, Lord Grey, von Euch:
Die all ohn‘ Ursach‘ scheel auf mich gesehn; -
Von Euch, Lord Woodville - und, Lord Seales, von Euch;-
Herzöge, Grafen, Edle - ja, von allen.
Nicht *einen* weiß ich, der in England lebt,
Mit dem mein Sinn den mindsten Hader hätte,

Mehr als ein heute nacht gebornes Kind.
Ich danke meinem Gott für meine Demut.

Elisabeth.

Ein Festtag wird dies künftig für uns sein:
Gott gebe, jeder Zwist sei beigelegt!
Mein hoher Herr, ich bitt Eu'r Hoheit, nehmt
Zu Gnaden unsern Bruder Clarence an.

Gloster.

Wie? bot ich darum Liebe, gnäd'ge Frau,
Daß man mein spott' in diesem hohen Kreis?
Wer weiß nicht, daß der edle Herzog tot ist?
(Alle fahren zurück.)
Zur Ungebühr verhöhnt Ihr seine Leiche.

Eduard.

Wer weiß nicht, daß er tot ist? Ja, wer weiß es?

Elisabeth.

Allseh'nder Himmel, welche Welt ist dies!

Buckingham.

Seh ich so bleich, Lord Dorset, wie die andern?

Dorset.

Ja, bester Lord; und niemand hier im Kreis,
Dem nicht die Röte von den Wangen wich.

Eduard.

Starb Clarence? Der Befehl war widerrufen.

Gloster.

Der Arme starb auf Euer erst Geheiß,
Und das trug ein geflügelter Merkur.
Ein lahmer Bote trug den Widerruf,
Der allzuspät, ihn zu begraben, kam.
Geb' Gott, daß andre, minder treu und edel,
Näher durch blut'gen Sinn, nicht durch das Blut,
Nicht mehr verschulden als der arme Clarence
Und dennoch frei umhergehn von Verdacht!

(Stanley tritt auf.)

Stanley.

Herr, eine Gnade für getanen Dienst!

Eduard.

O laß mich, meine Seel' ist voller Kummer.

Stanley.

Ich will nicht aufstehn, bis mein Fürst mich hört.
Eduard. So sag mit eins, was dein Begehren ist.

Stanley.

Herr, das verwirkte Leben meines Dieners,
Der einen wilden Junker heut erschlug,
Vormals in Diensten bei dem Herzog Norfolk.

Eduard.

Sprach meine Zunge meines Bruders Tod
Und spräch nun eines Knechts Begnadigung?

Kein Mord, Gedanken waren sein Vergehn,
Und doch war seine Strafe bittrer Tod.
Wer bat für ihn? wer kniet‘ in meinem Grimm
Zu Füßen mir und hieß mich überlegen?
Wer sprach von Bruderpflicht? wer sprach von Liebe?
Wer sagte mir, wie diese arme Seele
Vom mächt'gen Warwick ließ und für mich focht?
Wer sagte mir, wie er zu Tewkesbury
Mich rettet‘, als mich Oxford niederwarf,
Und sprach: »Leb, und sei König, lieber Bruder«?
Wer sagte mir, als wir im Felde lagen,
Fast totgefroren, wie er mich gehüllt
In seinen Mantel und sich selber preis,
Ganz nackt und bloß, der starren Nachtluft gab?
Dies alles rückte viehisch wilde Wut
Mir sündhaft aus dem Sinn, und euer keiner
War so gewissenhaft, mich dran zu mahnen.
Wenn aber eure Kärrner, eu‘r Gesinde
Totschlag im Trunk verübt und ausgelöscht
Das edle Bildnis unsers teuern Heilands,
Dann seid ihr auf den Knien um Gnade, Gnade,
Und ich muß ungerecht es zugestehn.
Für meinen Bruder wollte niemand sprechen,
Noch sprach ich selbst mir für die arme Seele,

Verstockter! zu. Der Stolzeste von euch

Hatt‘ ihm Verpflichtungen in seinem Leben,

Doch wollte keiner rechten für sein Leben.

O Gott! ich fürchte, dein Gericht vergilt's

An mir und euch, den Meinen und den Euren. –

Komm, Hastings, hilf mir in mein Schlafgemach.

O armer Clarence!

(Der König, die Königin, Hastings, Rivers, Dorset und Grey ab.)

Gloster.

Das ist die Frucht des Jähzorns! - Gabt ihr acht,

Wie bleich der Kön‘gin schuldige Verwandte

Aussahn, da sie von Clarence‘ Tode hörten?

Oh, immer setzten sie dem König zu!

Gott wird es rächen. Wollt ihr kommen, Lords,

Daß wir mit unserm Zuspruch Eduard trösten?

Buckingham.

Zu Euer Gnaden Dienst.

(Alle ab.)

ZWEITE SZENE

Ebendaselbst.

(Die Herzogin von York tritt auf mit des Clarence Sohn und Tochter.)

Sohn.

Großmutter, sagt uns, ist der Vater tot?

Herzogin.

Nein, Kind.

Tochter.

Was weint Ihr denn so oft und schlagt die Brust?

Und ruft: »O Clarence! Unglücksel'ger Sohn!«

Sohn.

Was seht Ihr so und schüttelt Euren Kopf

Und nennt uns arme, ausgestoßne Waisen,

Wenn unser edler Vater noch am Leben?

Herzogin.

Ihr art'gen Kinder mißversteht mich ganz.

Des Königs Krankheit jammr' ich, sein Verlust

Macht Sorge mir; nicht eures Vaters Tod:

Verloren wär' der Gram um den Verlornen.

Sohn.

So wißt Ihr ja, Großmutter, er sei tot.

Mein Ohm, der König, ist darum zu schelten;

Gott wird es rächen: ich will in ihn dringen

Mit eifrigem Gebet um einzig dies.

Tochter.

Das will ich auch.

Herzogin.

Still, Kinder, still! Der König hat euch lieb;
Unschuldige, harmlose Kleinen ihr,
In eurer Einfalt könnt ihr nicht erraten,
Wer eures Vaters Tod verschuldet hat.

Sohn.

Großmutter, doch! Vom guten Oheim Gloster
Weiß ich, der König, von der Königin
Gereizt, sann Klagen aus, ihn zu verhaften.
Und als mein Oheim mir das sagte, weint' er,
Bedau'rte mich und küßte meine Wange,
Hieß mich auf ihn vertraun als einen Vater,
Er wolle lieb mich haben als sein Kind.

Herzogin.

Ach, daß der Trug so holde Bildung stiehlt
Und Bosheit mit der Tugend Larve deckt!
Er ist mein Sohn, und hierin meine Schmach,
Doch sog er nicht an meiner Brust den Trug.

Sohn.

Denkt Ihr, mein Oheim verstellte sich, Großmutter?

Herzogin.

Ja, Kind.

Sohn.

Ich kann's nicht denken. Horch, was für ein Lärm?

(Königin Elisabeth tritt auf, außer sich; Rivers und Dorset folgen ihr.)

Elisabeth.

Wer will zu weinen mir und jammern wehren,
Mein Los zu schelten und mich selbst zu plagen?
Bestürmen mit Verzweiflung meine Seele
Und selber meine Feindin will ich sein.

Herzogin.

Wozu der Auftritt wilder Ungeduld?

Elisabeth.

Zu einem Aufzug trag'schen Ungestüms:
Der König, mein Gemahl, dein Sohn, ist tot.
Was blühn die Zweige, wenn der Stamm verging?
Was welkt das Laub nicht, dem sein Saft gebricht?
Wollt ihr noch leben? Jammert! Sterben? Eilt!
Daß unsre Seelen seiner nach sich schwingen,
Ihm folgend wie ergebne Untertanen
Zu einem neuen Reich der ew'gen Ruh'.

Herzogin.

Ach, so viel Teil hab ich an deinem Leiden
Als Anspruch sonst an deinem edlen Gatten.

Ich weint' um eines würd'gen Gatten Tod,
Und lebt' im Anblick seiner Ebenbilder;
Nun sind zwei Spiegel seiner hohen Züge
Zertrümmert durch den bösgesinnten Tod,
Mir bleibt zum Troste nur ein falsches Glas,
Worin ich meine Schmach mit Kummer sehe.
Zwar bist du Witwe, doch du bist auch Mutter,
Und deiner Kinder Trost ward dir gelassen:
Mir riß der Tod den Gatten aus den Armen
Und dann zwei Krücken aus den schwachen Händen,
Clarence und Eduard. Oh, wie hab ich Grund,
Da deins die Hälfte meines Leids nur ist,
Dein Wehgeschrei durch meins zu übertäuben!

Sohn.

Ach, Muhm', Ihr weintet nicht um unsern Vater:
Wie hülfen wir Euch mit verwandten Tränen?

Tochter.

Blieb unsre Waisennot doch unbeklagt;
Sei unbeweint auch Euer Witwengram.

Elisabeth.

O steht mir nicht mit Jammerklagen bei,
Ich bin nicht unfruchtbar, sie zu gebären.
In meine Augen strömen alle Quellen,
Daß ich, hinfort vom feuchten Mond regiert,

Die Welt in Tränenfülle mög' erträňken.
Ach, weh um meinen Gatten, meinen Eduard!

Die Kinder.

Um unsern Vater, unsern teuern Clarence!

Herzogin.

Um beide, beide mein, Eduard und Clarence!

Elisabeth.

Wer war mein Halt als Eduard? Er ist hin.

Die Kinder.

Wer unser Halt als Clarence? Er ist hin.

Herzogin.

Wer war mein Halt als sie? Und sie sind hin.

Elisabeth.

Nie keine Witwe büßte so viel ein.

Die Kinder.

Nie keine Waise büßte so viel ein.

Herzogin.

Nie keine Mutter büßte so viel ein.
Weh mir! ich bin die Mutter dieser Leiden:
Vereinzelt ist ihr Weh, meins allgemein.
Sie weint um einen Eduard, und ich auch;
Ich wein um einen Clarence, und sie nicht;
Die Kinder weinen Clarence, und ich auch;
Ich wein um einen Eduard, und sie nicht.

Ach, gießt ihr drei auf mich dreifach geschlagne
All eure Tränen: Wärterin des Grams,
Will ich mit Jammern reichlich ihn ernähren.

Dorset.

Mut, liebe Mutter! Gott ist ungehalten,
Daß Ihr sein Tun mit Undank so empfangt.
In Weltgeschäften nennt man's undankbar,
Mit trägem Widerwillen Schulden zahlen,
Die eine milde Hand uns freundlich lieh;
Viel mehr, dem Himmel so sich widersetzen,
Weil er von Euch die königliche Schuld
Zurücke fordert, die er Euch geliehn.

Rivers.

Bedenkt als treue Mutter, gnäd'ge Frau,
Den Prinzen, Euren Sohn; schickt gleich nach ihm
Und laßt ihn krönen. In ihm lebt Euer Trost:
Das Leid senkt in des toten Eduard Grab,
Die Last baut auf des blühnden Eduard Thron.

(Gloster, Buckingham, Stanley, Hastings, Ratcliff und andre treten auf.)

Gloster.

Faßt, Schwester, Euch; wir alle haben Grund,
Um die Verdunklung unsers Sterns zu jammern:
Doch niemand heilt durch Jammern seinen Harm.
Ich bitt Euch um Verzeihung, gnäd'ge Mutter,

Ich sah Eu'r Gnaden nicht. Demütig auf den Knien
Bitt ich um Euren Segen.

Herzogin.

Gott segne dich! und flöße Milde dir,
Gehorsam, Lieb' und echte Treu' ins Herz!

Gloster.

Amen!
Und lass' als guten alten Mann mich sterben! –

(Beiseit.)

Das ist das Hauptziel eines Muttersegens:
Mich wundert, daß Ihr' Gnaden das vergaß.

Buckingham.

Umwölkte Prinzen, herzbeklemmte Pairs,
Die diese schwere Last des Jammers drückt!
Hegt all in eurer Lieb' einander nun.
Ist unsre Ernt' an diesem König hin,
So werden wir des Sohnes Ernte sammeln.
Der Zwiespalt eurer hochgeschwollnen Herzen,
Erst neulich eingerichtet und gefugt,
Muß sanft bewahrt, gepflegt, gehütet werden.
Mir deucht es gut, daß gleich ein klein Gefolg
Von Ludlow her den jungen Prinzen hole,
Als König hier in London ihn zu krönen.

Rivers.

Warum ein klein Gefolg, Mylord von Buckingham?

Buckingham.

Ei, Mylord, daß ein großer Haufe nicht
Des Grolles neugeheilte Wunde reize;
Was um so mehr gefährlich würde sein,
Je mehr der Staat noch wild und ohne Führer,
Wo jedes Roß den Zügel ganz beherrscht
Und seinen Lauf nach Wohlgefallen lenkt.
Sowohl des Unheils Furcht als wirklich Unheil
Muß, meiner Meinung nach, verhütet werden.

Gloster.

Der König schloß ja Frieden mit uns allen,
Und der Vertrag ist fest und treu in mir.

Rivers.

So auch in mir, und so, denk ich, in allen;
Doch weil er noch so frisch ist, sollte man
Auf keinen Anschein eines Bruchs ihn wagen,
Den viel Gesellschaft leicht befördern könnte.
Drum sag ich mit dem edlen Buckingham,
Daß wen'ge nur den Prinzen holen müssen.

Hastings.

Das sag ich auch.

Gloster.

So sei es denn; und gehn wir, zu entscheiden,

Wer schnell sich auf nach Ludlow machen soll. –
Fürstin, und Ihr, Frau Mutter, wollt Ihr gehn,
Um mitzustimmen in der wicht'gen Sache?
(Alle ab, außer Buckingham und Gloster.)

Buckingham.

Mylord, wer auch zum Prinzen reisen mag,
Um Gottes willen, bleiben wir nicht aus:
Denn unterwegs schaff ich Gelegenheit,
Als Eingang zu dem jüngst besprochnen Handel,
Der Königin hochmüt'ge Vetterschaft
Von der Person des Prinzen zu entfernen.

Gloster.

Mein andres Selbst! Du meine Ratsversammlung,
Orakel und Prophet. Mein lieber Vetter,
Ich folge deiner Leitung wie ein Kind.
Nach Ludlow denn! Wir bleiben nicht zurück.
(Beide ab.)

DRITTE SZENE

Eine Straße.

(Zwei Bürger begegnen sich.)

Erster Bürger.

Guten Morgen, Nachbar! wohin so in Eil'?

Zweiter Bürger.

Ich weiß es selber kaum, beteur' ich Euch.

Ihr wißt die Neuigkeit?

Erster Bürger.

Ja, daß der König tot ist.

Zweiter Bürger.

Schlimme Neuigkeit,

Bei Unsrer Frauen! Selten kommt was Beßres;

Ich fürcht, ich fürcht, es geht die Welt rundum.

(Ein andrer Bürger kommt.)

Dritter Bürger.

Gott grüß' euch, Nachbarn!

Erster Bürger.

Geb' Euch guten Tag!

Dritter Bürger.

Bestätigt sich des guten Königs Tod?

Zweiter Bürger.

Ja, 's ist nur allzuwahr: Gott steh' uns bei!

Dritter Bürger.

Dann, Leut', erwartet eine stürm'sche Welt.

Erster Bürger.

Nein, nein! Sein Sohn herrscht nun durch Gottes Gnaden.

Dritter Bürger.

Weh' einem Lande, das ein Kind regiert!

Zweiter Bürger.

Bei ihm ist Hoffnung auf das Regiment,
Daß in der Minderjährigkeit sein Rat,
Und, wann er reif an Jahren ist, er selbst,
Dann und bis dahin gut regieren werden.

Erster Bürger.

So stund der Staat auch, als der sechste Heinrich,
Neun Monat alt, gekrönt ward in Paris.

Dritter Bürger.

Stund der Staat so? Nein, nein! Gott weiß, ihr Freunde!
Denn dieses Land war damals hoch begabt
Mit würd'ger Staatskunst; und der König hatte
Oheime voll Verdienst zur Vormundschaft.

Erster Bürger.

Die hat er auch vom Vater wie der Mutter.

Dritter Bürger.

Viel besser war s, sie waren bloß vom Vater,
Oder es wär' vom Vater ihrer keiner.
Denn Eifersucht, der Nächste nun zu sein,
Tritt uns gesamt zu nah, wenn's Gott nicht wendet.
Oh! sehr gefährlich ist der Herzog Gloster,
Der Kön'gin Söhn' und Brüder frech und stolz;
Und würden sie beherrscht und herrschten nicht,
Dies kranke Land gediehe noch wie sonst.

Erster Bürger.

Geht, geht! wir zagen: alles wird noch gut.

Dritter Bürger.

Wann Wolken ziehn, nimmt man den Mantel um,
Wann Blätter fallen, ist der Winter nah;
Wer harrt der Nacht nicht, wann die Sonne sinkt?
Unzeit'ge Stürme künden Teurung an.
Noch kann es gut gehn: doch, wenn's Gott so lenkt,
Ist's mehr als ich erwart und wir verdienen.

Zweiter Bürger.

Wahrlich, der Menschen Herzen sind voll Furcht,
Ihr könnt nicht reden fast mit einem Mann,
Der nicht bedenklich aussieht und voll Schrecken.

Dritter Bürger.

So ist es immer vor des Wechsels Tagen.
Auf höhern Antrieb mißtraun die Gemüter
Der kommenden Gefahr; so sehn wir ja
Die Wasser schwellen vor dem wüsten Sturm.
Doch lassen wir das Gotte. Wohin geht's?

Zweiter Bürger.

Die Richter haben beid' uns rufen lassen.

Dritter Bürger.

Mich auch; so will ich euch Gesellschaft leisten.

(Alle ab.)

VIERTE SZENE

Ein Zimmer im Palast.

(Der Erzbischof von York, der junge Herzog von York, Königin Elisabeth und die Herzogin von York treten auf.)

Erzbischof.

Sie lagen, hör ich, nachts zu Northampton;

Zu Stony Stratford soll'n sie heute sein

Und morgen oder übermorgen hier.

Herzogin.

Von Herzen sehr verlangt mich nach dem Prinzen.

Seit ich ihn sah, ist er gewachsen, hoff ich.

Elisabeth.

Ich höre, nein: sie sagen, mein Sohn York

Hat fast in seinem Wuchs ihn eingeholt.

York.

Ja, Mutter; doch ich wollt', es wär' nicht so.

Herzogin.

Warum, mein Enkel? Wachsen ist ja gut.

York.

Großmutter, einmal speisten wir zu Nacht,

Da sprach mein Oheim Rivers, wie ich wüchse

Mehr als mein Bruder; »Ja'<, sagt' Oheim Gloster,

»Klein Kraut ist fein, groß Unkraut hat Gedeihn.«

Seitdem nun macht ich nicht mit Wachsen eilen,

Weil Unkraut schießt und süße Blumen weilen.

Herzogin.

Fürwahr! fürwahr! das Sprichwort traf nicht zu
Bei ihm, der selbiges dir vorgerückt.
Er war als Kind das jämmerlichste Ding,
Er wuchs so langsam und so spät heran,
Daß, wär' die Regel wahr, er müßte fromm sein.

Erzbischof.

Auch zweifl' ich nicht, das ist er, gnäd'ge Frau.

Herzogin.

Ich hoff, er ist's; doch laßt die Mutter zweifeln.

York.

Nun, meiner Treu, hätt' ich es recht bedacht,
So konnt' ich auch dem gnäd'gen Oheim sticheln
Auf seinen Wachstum, mehr als er auf meinen.

Herzogin.

Wie, junger York? Ich bitte, laß mich's hören.

York.

Ei, wie sie sagen, wuchs mein Ohm so schnell,
Daß er, zwei Stunden alt, schon Rinden nagte;
Zwei volle Jahre hatt' ich keinen Zahn.
Großmutter, beißend wär' der Spaß gewesen.

Herzogin.

Mein art'ger York, wer hat dir das gesagt?

York.

Großmutter, seine Amme.

Herzogin.

Ei, die war tot, eh' du geboren warst.

York.

Wenn sie's nicht war, so weiß ich es nicht mehr.

Elisabeth.

Ein kecker Bursch! Geh, du bist zu durchtrieben.

Erzbischof.

Zürnt nicht mit einem Kinde, gnäd'ge Frau

Elisabeth.

Die Krüge haben Ohren.

(Ein Bote tritt auf.)

Erzbischof.

Da kommt ein Bote, seht. - Was gibt es Neues?

Bote.

Mylord, was anzumelden mich betrübt.

Elisabeth.

Was macht der Prinz?

Bote.

Er ist gesund und wohl.

Herzogin.

Was bringst du sonst?

Bote.

Lord Rivers und Lord Grey sind fort nach Pomfret,
Benebst Sir Thomas Vaughan, als Gefangne.

Herzogin.

Und wer hat sie verhaftet?

Bote.

Die mächt'gen Herzoge, Gloster und Buckingham.

Elisabeth.

Für welch Vergehn?

Bote.

Was ich nur weiß und kann, eröffnet' ich.
Warum, wofür die Herrn verhaftet sind,
Ist gänzlich unbekannt mir, gnäd'ge Fürstin.

Elisabeth.

Weh mir! ich sehe meines Hauses Sturz.
Der Tiger hat das zarte Reh gepackt;
Verwegne Tyrannei beginnt zu stürmen
Auf den harmlosen, ungescheuten Thron.
Willkommen, Blut, Zerstörung, Metzelei!
Ich seh, wie im Abriß, schon das Ende.

Herzogin.

Verfluchte Tage unruhvollen Zanks!
Wie manchen euer sah mein Auge schon!
Mein Gatte ließ sein Leben um die Krone,
Und meine Sühne schwankten auf und ab,

Gewinn, Verlust gab Freude mir und Weh.
Nun, da sie eingesetzt, und Bürgerzwist
Ganz weggeräumt, bekriegen selber sie,
Die Sieger selber sich; Bruder mit Bruder,
Blut mit Blut, Selbst gegen Selbst. - O du verkehrte
Wahnsinn'ge Wut, laß den verruchten Grimm,
Sonst laß mich sterben, nicht den Tod mehr schaun!

Elisabeth.

Komm, komm, mein Kind, wir suchen heil'ge Zuflucht. Gehabt euch wohl.

Herzogin.

Bleibt noch, ich gehe mit.

Elisabeth.

Ihr habt nicht Ursach'.

Erzbischof

(zur Königin).

Gnäd'ge Fürstin, geht,
Und nehmet Euren Schatz und Güter mit.
Für mein Teil geb ich mein vertrautes Siegel
Eu'r Hoheit ab; und mög' es wohl mir gehn,
Wie ich Euch wohl will und den Euren allen!
Kommt, ich geleit Euch zu der heil' gen Zuflucht.

(Alle ab.)

DRITTER AUFZUG

ERSTE SZENE

London. Eine Straße.

(Trompeten. Der Prinz von Wales, Gloster, Buckingham, Kardinal Bourchier, Catesby und andre.)

Buckingham.

Willkommen, bester Prinz, in London, Eurer Kammer!

Gloster.

Willkommen, Vetter, meines Sinnes Fürst! –

Der Reis' Ermüdung macht' Euch melancholisch.

Prinz.

Nein, Oheim; der Verdruß nur unterwegs

Hat sie mir schwer gemacht, langweilig, widrig.

Ich misse hier noch Onkel zum Empfang.

Gloster.

Mein Prinz, die reine Tugend Eurer Jahre

Ergründete noch nicht der Welt Betrug.

Ihr unterscheidet nichts an einem Mann

Als seinen äußern Schein; und der, weiß Gott,

Stimmt selten oder niemals mit dem Herzen.

Gefährlich sind die Onkel, die Ihr mißt;

Eu'r Hoheit lauschte ihren Honigworten

Und merkte nicht auf ihrer Herzen Gift.

Bewahr' Euch Gott vor solchen falschen Freunden!

Prinz.

Vor falschen Freunden: ja! Sie waren keine.

Gloster.

Mein Fürst, der Schulz von London kommt zum Willkomm.

(Der Lord Mayor und sein Zug treten auf.)

Mayor.

Gott segn' Eu'r Hoheit mit beglückten Tagen!

Prinz.

Ich dank Euch, bester Lord - und dank Euch allen.

(Der Lord Mayor mir seinem Zuge ab.)

Viel früher, dacht' ich, würde meine Mutter

Und Bruder York uns unterweges treffen. –

Pfui, welche Schneck' ist Hastings! daß er uns

Nicht meldet, oh sie kommen oder nicht.

(Hastings tritt auf.)

Buckingham.

So eher recht kommt der erhitzte Lord.

Prinz.

Willkommen, Mylord! Nun, kommt unsre Mutter?

Hastings.

Auf welchen Anlaß, das weiß Gott, nicht ich,

Nahm Eure Mutter und Eu'r Bruder York

Zuflucht im Heiligtum. Der zarte Prinz

Hätt' Eure Hoheit gern mit mir begrüßt,

Doch seine Mutter hielt ihn mit Gewalt.

Buckingham.

Pfui! welch verkehrtes eigensinn'ges Tun

Ist dies von ihr? - Wollt Ihr, Lord Kardinal,

Die Königin bereden, seinem Bruder,

Dem Prinzen, gleich den Herzog York zu senden?

Verweigert sie's - Lord Hastings, geht Ihr mit,

Entreißt ihn ihrem eifersücht'gen Arm.

Kardinal.

Mylord, wenn meine schwache Redekunst

Der Mutter kann den Herzog abgewinnen,

Erwartet gleich ihn hier. Allein ist sie verhärtet

Für milde Bitten, so verhüte Gott,

Daß wir das teure Vorrecht kränken sollten

Der heil'gen Zuflucht! Nicht um all dies Land

Wollt' ich so schwerer Sünde schuldig sein.

Buckingham.

Ihr seid zu sinnlos eigenwillig, Mylord,

Zu altherkömmlich und zu feierlich.

Erwägt es nach der Gröblichkeit der Welt,

Ihn greifen bricht die heil'ge Zuflucht nicht.

Derselben Gunst wird dem stets zugestanden,

Der durch sein Tun verdienet solchen Platz

Und Witz hat, zu begehren solchen Platz.

Der Prinz hat ihn begehrt nicht, noch verdient
Und kann also, wie mich dünket, ihn nicht haben.
Wenn Ihr von da ihn wegführt, der nicht da ist,
Brecht Ihr kein Vorrecht, keinen Freiheitsbrief.
Oft hört' ich schon von kirchenflücht'gen Männern;
Von kirchenflücht'gen Kindern nie bis jetzt.

Kardinal.

Mylord, Ihr sollt mich diesmal überstimmen. –
Wohlan, Lord Hastings, wollt Ihr mit mir gehn?

Hastings.

Ich gehe, Mylord.

Prinz.

Betreibt dies, liebe Herrn, in aller Eil'.
(Der Kardinal und Hastings ab.)
Sagt, Oheim Gloster, wenn mein Bruder kommt,
Wo sollen wir verbleiben bis zur Krönung?

Gloster.

Wo's gut dünkt Eurer fürstlichen Person.
Wenn ich Euch raten darf, belieb' Eu'r Hoheit
Sich ein paar Tage auszuruhn im Turm;
Dann wo Ihr wollt und es am besten scheint
Für Euer Wohlsein und Gemütsergötzung.

Prinz.

Der Turm mißfällt mir wie kein Ort auf Erden. –

Hat Julius Cäsar ihn gebaut, Mylord?

Gloster.

Er hat, mein gnäd'ger Fürst, den Ort gestiftet,
Den dann die Folgezeiten neu erbaut.

Prinz.

Hat man es schriftlich, oder überliefert
Von Zeit auf Zeiten nur, daß er ihn baute?

Buckingham.

Schriftlich, mein gnäd'ger Fürst.

Prinz.

Doch setzt, Mylord, es wär' nicht aufgezeichnet:
Mich dünkt, die Wahrheit sollte immer leben,
Als wär' sie aller Nachwelt ausgeteilt
Bis auf den letzten Tag der Welt.

Gloster *(beiseit).*

Klug allzubald, sagt man, wird nimmer alt.

Prinz.

Was sagt Ihr, Oheim?

Gloster.

Ich sage, Mut wird ohne Schriften alt. –
(Beiseit.) So, wie im Fastnachtspiel die Sündlichkeit,
Deut ich zwei Meinungen aus *einem* Wort.

Prinz.

Der Julius Cäsar war ein großer Mann:

Womit sein Mut begabte seinen Witz,
Das schrieb sein Witz, dem Mute Leben schaffend,
Der Tod besiegte diesen Sieger nicht,
Er lebt im Ruhm noch, obwohl nicht im Leben. –
Wollt Ihr was wissen, Vetter Buckingham?

Buckingham.

Was, mein gnäd'ger Fürst?

Prinz.

Werd ich ein Mann je, so gewinn ich wieder
In Frankreich unser altes Recht; wo nicht,
Sterb ich als Krieger, wie ich lebt' als König.

Gloster *(beiseit).*

Auf zeit'gen Frühling währt der Sommer wenig.

(York, Hastings und der Kardinal treten auf.)

Buckingham.

Da kommt zu rechter Zeit der Herzog York.

Prinz.

Richard von York! - Wie lebt mein lieber Bruder?

York.

Gut, strenger Herr; so muß ich nun Euch nennen.

Prinz.

Ja, Bruder, mir zum Grame, sowie Euch:
Er starb ja kaum, der diesen Titel führte,
Des Tod ihm viel an Majestät benahm.

Gloster.

Wie geht es unserm edlen Vetter York?

York.

Ich dank Euch, lieber Oheim. Ha, Mylord,

Ihr sagtet, unnütz Kraut, das wachse schnell:

Der Prinz, mein Bruder, wuchs mir übern Kopf.

Gloster.

Ja wohl, Mylord.

York.

Und ist er darum unnütz?

Gloster.

O bester Vetter, das möcht ich nicht sagen.

York.

Dann ist er Euch ja mehr als ich verpflichtet.

Gloster.

Er hat mir zu befehlen, als mein Fürst,

Doch Ihr habt Recht an mir als ein Verwandter.

York.

Ich bitt Euch, Oheim, gebt mir diesen Dolch.

Gloster.

Den Dolch, mein kleiner Vetter? Herzlich gern.

Prinz.

Ein Bettler, Bruder?

York.

Beim guten Oheim, der gewiß mir gibt,

Und um eine Kleinigkeit, die man ohn' Arges gibt.

Gloster.

Wohl Größres will ich meinem Vetter geben.

York.

Wohl Größres? Oh, das ist das Schwert dazu.

Gloster.

Ja, lieber Vetter, wär's nur leicht genug.

York.

Dann seh ich wohl, Ihr schenkt nur leichte Gaben,

Bei Dingen von Gewicht sagt Ihr dem Bettler: nein!

Gloster.

Es hat zu viel Gewicht, für Euch zu tragen.

York.

Für mich hat's kein Gewicht, und wär's noch schwerer.

Gloster.

Wie? wollt Ihr meine Waffen, kleiner Lord?

York.

Ja, und mein Dank soll sein, wie Ihr mich nennt.

Gloster.

Wie?

York.

Klein.

Prinz.

Mylord von York ist stets in Reden keck:
Oheim, Eu'r Gnaden weiß ihn zu ertragen.

York.

Ihr meint, zu tragen, nicht mich zu ertragen. –
Oheim, mein Bruder spottet mein und Euer;
Er denkt, weil ich nur klein bin, wie ein Aff',
Ihr solltet mich auf Euren Schultern tragen.

Buckingham.

Mit welchem scharf versehnen Witz er redet!
Den Spott zu mildern wider seinen Oheim,
Verhöhnt er selbst sich artig und geschickt.
So schlau und noch so jung, ist wunderbar.

Gloster.

Mein gnäd'ger Fürst, beliebt es Euch zu gehn?
Ich und mein guter Vetter Buckingham,
Wir woll'n zu Eurer Mutter und sie bitten,
Daß sie im Turm Euch trifft und Euch bewillkommt.

York.

Wie? denkt Ihr in den Turm zu gehn, Mylord?

Prinz.

Mylord Protektor will es so durchaus.

York.

Ich schlafe sicher nicht mit Ruh' im Turm.

Gloster.

Warum? was könnt Ihr fürchten?

York.

Ei, meines Oheims Clarence zorn'gen Geist;

Großmutter sagt, er wurde da ermordet.

Prinz.

Ich fürchte keinen toten Oheim.

Gloster.

Auch keine, hoff ich, die am Leben sind.

Prinz.

Sind sie's, so hab ich nichts zu fürchten, hoff ich.

Doch kommt, Mylord, und mit beklommnem Herzen,

Ihrer gedenkend, geh ich in den Turm.

(Der Prinz, York, Hastings, Kardinal und Gefolge ab.)

Buckingham.

Glaubt ihr, Mylord, den kleinen Schwätzer York

Nicht aufgereizt von seiner schlauen Mutter,

So schimpflich Euch zu necken und verspotten?

Gloster.

Gewiß, gewiß: oh, ‚s ist ein schlimmer Bursch!

Keck, rasch, verständig, altklug und geschickt;

Die Mutter ganz vom Wirbel bis zur Zeh'.

Buckingham.

Gut, laßt das sein. - Komm hieher, Catesby Du schwurst

So gründlich auszurichten unsre Zwecke,

Als heimlich zu bewahren unsre Winke;
Du hörtest unsre Gründe unterwegs:
Was meinst du? sollt' es nicht ein leichtes sein,
William Lord Hastings unsers Sinns zu machen
Für die Erhebung dieses edlen Herzogs
Auf dieser weltberühmten Insel Thron?

Catesby.

Er liebt den Prinzen so des Vaters halb,
Er läßt zu nichts sich wider ihn gewinnen.

Buckingham.

Was denkst du denn vom Stanley? läßt nicht der?

Catesby.

Der wird in allem ganz wie Hastings tun.

Buckingham.

Nun wohl, nichts mehr als dies: geh, lieber Catesby,
Und wie von fern erforsche du Lord Hastings,
Wie er gesinnt ist gegen unsre Absicht;
Und lad ihn ein auf morgen in den Turm,
Der Krönung wegen mit zu Rat zu sitzen.
Wenn du für uns geschmeidig ihn verspürst,
So muntr' ihn auf und sag ihm unsre Gründe.
Doch ist er bleiern, frostig, kalt, unwillig,
So sei du's auch: brich das Gespräch so ab,
Und gib uns Nachricht über seine Neigung.

Denn morgen halten wir besondern Rat,
Worin wir höchlich dich gebrauchen wollen.

Gloster.

Empfiehl mich dem Lord William: sag ihm, Catesby,
Daß seiner Todfeind' alte Rotte morgen
In Pomfret-Schloß zur Ader wird gelassen;
Heiß' meinen Freund, für diese Neuigkeit
Frau Shore ein Küßchen mehr aus Freuden geben.

Buckingham.

Geh, guter Catesby, richt es tüchtig aus.

Catesby.

Ja, werte Lords, mit aller Achtsamkeit.

Gloster.

Wird man von Euch vor Schlafengehn noch hören?

Catesby.

Gewiß, Mylord.

Gloster.

In Crosby-Hof, da findet Ihr uns beide.

(Catesby ab.)

Buckingham.

Nun, Mylord, was soll'n wir tun, wenn wir verspüren,
Daß Hastings unsern Planen sich nicht fügt?

Gloster.

Den Kopf ihm abhaun, Freund: - was muß geschehn.

Und wenn ich König bin, dann fordre du
Die Grafschaft Hereford und alles fahrende Gut,
Was sonst der König, unser Bruder, hatte.

Buckingham.

Ich will mich auf Eu'r Hoheit Wort berufen.

Gloster.

Es soll dir freundlichst zugestanden werden.
Komm, speisen wir zu Abend, um hernach
In unsern Anschlag Gestalt zu bringen.

(Beide ab.)

ZWEITE SZENE

Vor Lord Hastings' Hause.

(Ein Bote tritt auf.)

Bote *(klopft).*

Mylord! Mylord!

Hastings *(von innen).*

Wer klopft?

Bote.

Jemand von Lord Stanley.

Hastings *(von innen).*

Was ist die Uhr?

Bote.

Vier auf den Schlag.

(Hastings tritt auf.)

Hastings.

Kann nicht dein Herr die langen Nächte schlafen?

Bote.

So scheint's, nach dem, was ich zu sagen habe.
Zuerst empfiehlt er sich Eu'r Herrlichkeit.

Hastings.

Und dann?

Bote.

Und dann läßt er Euch melden, daß ihm träumte,
Der Eber stoße seinen Helmbusch ab.
Auch, sagt er, werde doppelt Rat gehalten,
Und daß man leicht beschließen könn' im einen,
Was ihn und Euch bekümmern könnt' im andern.
Drum schickt er, Eu'r Belieben zu erfahren,
Ob Ihr sogleich mit ihm aufsitzen wollt
Und ohne Säumen nach dem Norden jagen,
Um die Gefahr zu meiden, die ihm schwant.

Hastings.

Geh, geh, Gesell, zurück zu deinem Herrn,
Heiß' ihn nicht fürchten den getrennten Rat:
Sein' Edeln und ich selbst sind bei dem einen,
Catesby, mein guter Freund, ist bei dem andern,

Woselbst nichts vorgehn kann, was uns betrifft,
Wovon mir nicht die Kundschaft würd' erteilt.
Sag ihm, die Furcht sei albern, sonder Anlaß;
Und wegen seines Traums, da wundr' es mich,
Wie er doch nur so töricht könne sein,
Zu traun der Neckerei unruh'gen Schlummers.
Den Eber fliehn, bevor der Eber nachsetzt,
Das hieß' den Eber reizen, uns zu folgen
Und Jagd zu machen, wo er's nicht gemeint.
Heiß' deinen Herrn aufstehn und zu mir kommen,
Dann wollen wir zusammen hin zum Turm,
Wo, du sollst sehn, der Eber freundlich sein wird.

Bote.

Ich geh, Mylord, und will ihm das bestellen. *(Ab.)*

(Catesby tritt auf.)

Catesby.

Vielmals guten Morgen meinem edlen Lord!

Hastings.

Guten Morgen, Catesby! Ihr seid früh bei Wege.
Was gibt's, was gibt's in unserm Wankestaat?

Catesby.

Die Welt ist schwindlicht, in der Tat, Mylord,
Und, glaub ich, wird auch niemals aufrecht stehn,
Bevor nicht Richard trägt des Reiches Kranz.

Hastings.

Wieso? des Reiches Kranz? meinst du die Krone?

Catesby.

Ja, bester Lord.

Hastings.

Man soll das Haupt mir schlagen von den Schultern,
Eh' ich die Krone seh so schnöd entwandt.
Doch kannst du raten, daß er darnach zielt?

Catesby.

So wahr ich lebe, und er hofft Euch wirksam
Für ihn zu finden, selb'ge zu gewinnen;
Und hierauf schickt er Euch die gute Botschaft,
Daß Eure Feinde diesen selben Tag,
Der Königin Verwandt', in Pomfret sterben.

Hastings.

Um diese Nachricht traur' ich eben nicht,
Denn immer waren sie mir Widersacher.
Doch daß ich stimmen sollt' auf Richards Seite,
Den echten Erben meines Herrn zum Nachteil,
Gott weiß, das tu ich nicht bis in den Tod.

Catesby.

Gott schütz' Eu'r Gnaden bei dem frommen Sinn!

Hastings.

Doch das belach ich wohl noch übers Jahr,

Daß ich erlebe deren Trauerspiel,
Die mich bei meinem Herrn verhaßt gemacht.
Hör, Catesby, eh' ein vierzehn Tag' ins Land gehn,
Schaff ich noch ein'ge fort, die's jetzt nicht denken.

Catesby.

Ein häßlich Ding, zu sterben, gnäd'ger Herr,
Unvorbereitet und sich nichts versehend.

Hastings.

O greulich! greulich! Und so geht es nun
Mit Rivers, Vaughan, Grey; und wird so gehn
Mit andern noch, die sich so sicher dünken
Wie du und ich, die dem durchlauchten Richard
Und Buckingham doch wert sind, wie du weißt.

Catesby.

Die Prinzen beide achten Euch gar hoch. –
(Beiseit.) Sie achten seinen Kopf schon auf der Brücke.

Hastings.

Ich weiß es wohl und hab's um sie verdient.
(Stanley tritt auf.)
Wohlan, wohlan! Wo ist Eu'r Jagdspieß, Freund?
Ihr scheut den Eber und geht ungerüstet?

Stanley.

Mylord, guten Morgen! guten Morgen, Catesby!
Ihr mögt nur spaßen, doch, beim heil'gen Kreuz,

Ich halte nichts von dem getrennten Rat,

Hastings.

Mylord, Mein Leben halt ich wert wie Ihr das Eure,

Und nie in meinem Leben, schwör ich Euch,

War es mir kostbarer als eben jetzt.

Denkt Ihr, wüßt' ich nicht unsre Lage sicher,

Ich wär' so triumphierend, wie ich bin?

Stanley.

Die Lords zu Pomfret ritten wohlgemut

Aus London, glaubten ihre Lage sicher

Und hatten wirklich keinen Grund zum Mißtraun:

Doch seht Ihr, wie der Tag sich bald bewölkt.

Ich fürchte diesen raschen Streich des Grolls;

Gott gebe, daß ich notlos zaghaft sei!

Nun, wollen wir zum Turm? Der Tag vergeht.

Hastings.

Kommt, kommt, seid ruhig! Wißt Ihr was, Mylord?

Heut werden die erwähnten Lords enthauptet.

Stanley.

Für Treu' stünd' ihnen besser wohl ihr Haupt,

Als manchen, die sie angeklagt, ihr Hut.

Kommt, Mylord, laßt uns gehn.

(Ein Heroldsdiener tritt auf.)

Hastings.

Geht nur voran,

Ich will mit diesem wackern Manne reden.

(Stanley und Catesby ab.)

He, Bursch, wie steht's mit dir?

Heroldsdiener.

Um desto besser,

Weil Eure Herrlichkeit geruht zu fragen.

Hastings.

Ich sag dir, Freund, mit mir steht's besser jetzt,

Als da du neulich eben hier mich trafst.

Da ging ich als Gefangner in den Turm

Auf Antrieb von der Königin Partei;

Nun aber sag ich dir (bewahr's für dich),

Heut werden meine Feinde hingerichtet,

Und meine Lag' ist besser als zuvor.

Heroldsdiener.

Erhalt' sie Gott nach Euer Gnaden Wunsch!

Hastings.

Großen Dank, Bursche! Trink das auf mein Wohl.

(Wirft ihm seinen Beutel zu.)

Heroldsdiener.

Ich dank Eu'r Gnaden. *(Ab.)*

(Ein Priester tritt auf.)

Priester.

Mylord, mich freut's, Eu'r Gnaden wohl zu sehn.

Hastings.

Ich danke dir von Herzen, mein Sir John.

Ich bin Eu'r Schuldner für die letzte Übung;

Kommt nächsten Sabbat, und ich will's vergüten.

(Buckingham tritt auf.)

Buckingham.

Ihr sprecht mit Priestern, wie, Herr Kämmerer?

Den Priester brauchen Eure Freund' in Pomfret,

Eu'r Gnaden hat mit Beichten nichts zu tun.

Hastings.

Fürwahr, da ich den würd'gen Mann hier sah,

Da fielen die, wovon Ihr sprecht, mir ein.

Sagt, geht Ihr in den Turm?

Buckingham.

Ja, Mylord, doch ich kann nicht lang da bleiben,

Ich geh vor Euer Edeln wieder fort.

Hastings.

Vielleicht, weil ich zum Mittagessen bleibe.

Buckingham *(beiseit).*

Zum Abendessen auch, weißt du's schon nicht. –

Kommt, wollt Ihr gehn?

Hastings.

Eu'r Gnaden aufzuwarten. *(Ab.)*

DRITTE SZENE

Zu Pomfret, vor der Burg.

(Ratcliff tritt auf mir einer Wache, welche Rivers, Vaughan und Grey zur Hinrichtung führt.)

Ratcliff.

Kommt, führt die Gefangnen vor.

Rivers.

Sir Richard Ratcliff, laß dir sagen dies:

Heut wirst du einen Untertan sehn sterben,

Den Treu' und Pflicht und Biederkeit verderben.

Grey.

Gott schütz' den Prinzen nur vor eurer Rotte!

Verdammter Hauf' ihr alle von Blutsaugern!

Vaughan.

Ihr, die ihr lebt, wehklagt hierum noch künftig.

Ratcliff.

Macht fort, denn eures Lebens Ziel ist da.

Rivers.

O Pomfret! Pomfret! O du blut'ger Kerker,

Verhängnisvoll und tödlich edlen Pairs!

Im sünd'gen Umfang deiner Mauern ward

Richard der Zweite hier zu Tod gehaun;

Und deinem grausen Sitz zu fernerm Schimpf

Gibt man dir unser schuldlos Blut zu trinken.

Grey.

Nun fällt Margrethas Fluch auf unser Haupt,

Ihr Racheschrei, weil Hastings, Ihr und ich

Zusahn, als Richard ihren Sohn erstach.

Rivers.

Da fluchte sie Hastings, da fluchte sie Buckingham,

Da fluchte sie Richard: Gott, gedenke des!

Hör ihr Gebet für sie, wie jetzt für uns!

Für meine Schwester und für ihre Prinzen

Genüg' unser treues Blut dir, teurer Gott,

Das ungerecht, du weißt's, vergossen wird!

Ratcliff.

Eilt euch, die Todesstund' ist abgetan.

Rivers.

Komm, Grey! komm, Vaughan! umarmen wir uns hier:

Lebt wohl, bis wir uns wiedersehn im Himmel.

(Alle ab.)

VIERTE SZENE

London. Ein Zimmer im Turm.

(Buckingham, Stanley, Hastings, der Bischof von Ely, Lovel und andre, an einer Tafel sitzend; Ratsbediente hinter ihnen stehend.)

Hastings.

Nun, edle Pairs, was uns versammelt, ist,

Die Krönung festzusetzen: in Gottes Namen,

Sprecht denn, wann ist der königliche Tag?

Buckingham.

Ist alles fertig für dies Königsfest?

Stanley.

Ja, und es fehlt die Anberaumung nur.

Ely.

So acht' ich morgen einen guten Tag.

Buckingham.

Wer kennt des Lord Protektors Sinn hierin?

Wer ist Vertrautester des edlen Herzogs?

Ely.

Eu'r Gnaden kennt wohl seinen Sinn am ersten.

Buckingham.

Wir kennen von Gesicht uns: doch die Herzen,

Da kennt er meins nicht mehr, als Eures ich;

Noch seines ich, Mylord, als meines Ihr. –

Lord Hastings, Ihr und er seid nah vereint.

Hastings.

Ich weiß, er will mir wohl, Dank Seiner Gnaden.
Doch über seine Absicht mit der Krönung
Hab ich ihn nicht erforscht, noch er darin
Sein gnäd'ges Wohlgefallen mir eröffnet.
Ihr mögt, mein edler Lord, die Zeit wohl nennen,
Und ich will stimmen an des Herzogs Statt,
Was, wie ich hoff, er nicht verübeln wird.

(Gloster tritt auf.)

Ely.

Zu rechter Zeit kommt da der Herzog selbst.

Gloster.

Ihr edlen Lords und Vetter, guten Morgen!
Ich war ein Langeschläfer; doch ich hoffe,
Mein Absein hat kein groß Geschäft versäumt,
Das meine Gegenwart beschlossen hätte.

Buckingham.

Kamt Ihr auf Euer Stichwort nicht, Mylord,
So sprach William Lord Hastings Eure Rolle:
Gab Eure Stimme, mein ich, für die Krönung.

Gloster.

Niemand darf dreister sein als Mylord Hastings;
Sein' Edeln kennt mich wohl und will mir wohl. –
Mylord von Ely, jüngst war ich in Holborn

Und sah in Eurem Garten schöne Erdbeern:
Laßt etliche mir holen, bitt ich Euch.

Ely.

Das will ich, Mylord, und von Herzen gern. *(Ab.)*

Gloster.

Vetter von Buckingham, ein Wort mit Euch.
(Er nimmt ihn beiseit.)
Catesby hat Hastings über unsern Handel
Erforscht und findt den starren Herrn so hitzig,
Daß er den Kopf daran wagt, eh' er leidet,
Daß seines Herrn Sohn, wie er's ehrsam nennt,
An Englands Thron das Erbrecht soll verlieren.

Buckingham.

Entfernt ein Weilchen Euch, ich gehe mit.

(Gloster und Buckingham ab.)

Stanley.

Noch Setzten wir dies Jubelfest nicht an;
Auf morgen, wie mich dünkt, das wär' zu plötzlich,
Denn ich bin selber nicht so wohl versehn,
Als ich es wär', wenn man den Tag verschöbe.

(Der Bischof von Ely kommt zurück.)

Ely.

Wo ist der Lord Protektor?
Ich sandt' aus Nach diesen Erdbeern.

Hastings.

Heut sieht Sein' Hoheit mild und heiter aus:
Ihm liegt etwas im Sinn, das ihm behagt,
Wenn er so munter guten Morgen bietet.
Ich denke, niemand in der Christenheit
Kann minder bergen Lieb' und Haß wie er;
Denn sein Gesicht verrät Euch gleich sein Herz.

Stanley.

Was nahmt Ihr im Gesicht vom Herzen wahr,
Durch irgendeinen Anschein, den er wies?

Hastings.

Ei, daß er wider niemand hier was hat,
Denn, wäre das, er zeigt' es in den Mienen.

(Gloster und Buckingham treten auf.)

Gloster.

Ich bitt euch alle, sagt, was die verdienen,
Die meinen Tod mit Teufelsränken suchen
Verdammter Hexerei und meinen Leib
Mit ihrem höllischen Zauber übermannt?

Hastings.

Die Liebe, die ich zu Eu'r Hoheit trage,
Drängt mich in diesem edlen Kreis vor allen
Die Schuld'gen zu verdammen; wer sie sei'n,
Ich sage, Mylord, sie sind wert des Tods.

Gloster.

Sei denn eu'r Auge ihres Unheils Zeuge:
Seht nur, wie ich behext bin! Schaut, mein Arm
Ist ausgetrocknet wie ein welker Sproß.
Und das ist Eduards Weib, die arge Hexe,
Verbündet mit der schandbarn Metze Shore,
Die so mit Hexenkünsten mich gezeichnet.

Hastings.

Wenn sie die Tat getan, mein edler Herr –

Gloster.

Wenn! Du Beschützer der verdammten Metze!
Kommst du mit Wenn mir? Du bist ein Verräter. –
Den Kopf ihm ab! Ich schwöre bei Sankt Paul,
Ich will nicht speisen, bis ich den gesehn. –
Lovel und Catesby, sorgt, daß es geschieht; -
Und wer mich liebt, steh' auf und folge mir!

(Der Staatsrat mit Gloster und Buckingham ab.)

Hastings.

Weh, weh um England! Keineswegs um mich.
Ich Tor, ich hätte dies verhüten können:
Denn Stanley träumte, daß der Eber ihm
Den Helmbusch abstieß, aber nur gering
Hab ich's geachtet und versäumt zu fliehn.
Dreimal gestrauchelt hat mein Leibpferd heute

Und hat gescheut, wie es den Turm erblickt,
Als trüg' es ungern in das Schlachthaus mich.
Oh! jetzt brauch ich den Priester, den ich sprach;
Jetzt reut es mich, daß ich dem Heroldsdiener
Zu triumphierend sagte, meine Feinde
In Pomfret würden blutig heut geschlachtet,
Derweil ich sicher wär' in Gnad' und Gunst.
O jetzt, Margretha, trifft dein schwerer Fluch
Des armen Hastings unglücksel'gen Kopf.

Catesby.

Macht fort, Mylord! Der Herzog will zur Tafel;
Beichtet nur kurz: ihm ist's um Euren Kopf.

Hastings.

O flücht'ge Gnade sterblicher Geschöpfe,
Wonach wir trachten vor der Gnade Gottes!
Wer Hoffnung baut in Lüften eurer Blicke,
Lebt wie ein trunkner Schiffer auf dem Mast,
Bereit, bei jedem Ruck hinabzutaumeln
In der verderbenschwangern Tiefe Schoß.

Lovel.

Wohlan, macht fort! 's ist fruchtlos weh zu rufen.

Hastings.

O blut'ger Richard! Unglücksel'ges England!
Ich prophezeie grause Zeiten dir,

Wie die bedrängte Welt sie nie gesehn. –

Kommt, führt mich hin zum Block! bringt ihm mein Haupt!

Bald wird, wer meiner spottet, hingeraubt.

(Alle ab.)

FÜNFTE SZENE

Innerhalb der Mauern des Turms.

(Gloster und Buckingham in rostigem Harnisch und einem sehr entstellenden Aufzuge.)

Gloster.

Komm, Vetter, kannst du zittern, Farbe wechseln?

Mitten im Worte deinen Atem würgen,

Dann wiederum beginnen, wieder stocken,

Wie außer dir und irr im Geist vor Schrecken?

Buckingham.

Pah! ich tu's dem Tragödienspieler nach,

Red und seh hinter mich und späh umher,

Beb und fahr auf, wenn sich ein Strohhalm rührt,

Als tiefen Argwohn hegend; grause Blicke

Stehn zu Gebot mir, wie erzwungnes Lächeln,

Und beide sind bereit in ihrem Dienst

Zu jeder Zeit zugunsten meiner Ränke.

Doch sag, ist Catesby fort?

Gloster.

Ja, und sieh da, er bringt den Schulzen mit.

(Der Lord Mayor und Catesby treten auf.)

Buckingham.

Laßt mich allein ihn unterhalten, Lord Mayor

Gloster.

Gebt auf die Zugbrück' acht.

Buckingham.

Horch! eine Trommel.

Gloster.

Catesby, schau von der Mauer.

Buckingham.

Lord Mayor, der Grund, warum wir nach Euch sandten –

Gloster.

Sieh um dich, wehr dich, es sind Feinde hier.

Buckingham.

Bewahr' und schirm' uns Gott und unsre Unschuld!

(Ratcliff und Lovel treten auf mit Hastings Kopfe.)

Gloster.

Sei ruhig! Freunde sind's, Ratcliff und Lovel.

Lovel.

Hier ist der Kopf des schändlichen Verräters,
Des tückischen und unverdächt'gen Hastings.

Gloster.

Ich war so gut ihm, daß ich weinen muß.

Ich hielt ihn für das redlichste Geschöpf,
Das lebt' auf Erden unter Christenseelen;
Macht' ihn zum Buch, in welches meine Seele
Die heimlichsten Gedanken niederschrieb.
So glatt betüncht' er mit dem Schein der Tugend
Sein Laster, daß, bis auf sein offenbares
Vergehn, den Umgang mein ich mit Shores Weib,
Er rein sich hielt von jeglichem Verdacht.

Buckingham.

Ja, ja, er war der schleichendste Verräter,
Der je gelebt. - Seht Ihr, Mylord Mayor,
Solltet Ihr's denken oder glauben selbst,
Falls wir nicht wunderbar errettet lebten,
Es zu bezeugen, daß der Erzverräter
Heut angezettelt hatt', im Saal des Rats
Mich und den guten Herzog zu ermorden?

Mayor.

Wie? hatt' er das?

Gloster.

Was? denkt Ihr, wir sei'n Türken oder Heiden
Und würden, wider alle Form des Rechts
So rasch verfahren mit des Schurken Tod,
Wo nicht die dringende Gefahr des Falls,
Der Frieden Englands, unsre Sicherheit

Uns diese Hinrichtung hätt' abgenötigt?

Mayor.

Ergeh's Euch wohl! Erbat den Tod verdient,
Und beid' Eu'r Gnaden haben wohl getan,
Verräter vor dergleichen Tun zu warnen.
Ich habe nie mir Guts von ihm versehn,
Seit er sich einmal einließ mit Frau Shore.

Buckingham.

Doch war nicht unsre Absicht, daß er stürbe,
Bis Euer Edeln käm', es anzusehn;
Was dieser unsrer Freund' ergebne Eil'
In etwas gegen unsern Sinn, verhindert.
Wir wollten, Mylord, daß Ihr den Verräter
Selbst hörtet reden und verzagt bekennen
Die Weis' und Absicht der Verräterei,
Auf daß Ihr selb'ge wohl erklären möchtet
Der Bürgerschaft, die uns vielleicht hierin
Mißdeutet und bejammert seinen Tod.

Mayor.

Doch, bester Herr, mir gilt Eu'r Gnaden Wort,
Als hätt' ich ihn gesehn und reden hören;
Und zweifelt nicht, erlauchte Prinzen beide,
Ich will der treuen Bürgerschaft berichten
All Eu'r gerecht Verfahren bei dem Fall.

Gloster.

Wir wünschten zu dem End' Eu'r Edeln her,
Dem Tadel zu entgehn der schlimmen Welt.

Buckingham.

Doch weil zu spät Ihr kamt für unsern Zweck
Bezeugt nur, was Ihr hört, daß wir bezielt;
Und somit, wertester Lord Mayor, lebt wohl.

(Der Lord Mayor ab.)

Gloster.

Geh, folg ihm, folg ihm, Vetter Buckingham.
Der Schulz geht eiligst nun aufs Gildehaus:
Daselbst, wie's dann die Zeit am besten gibt,
Dring auf die Unechtheit von Eduards Kindern.
Stell ihnen vor, wie Eduard einen Bürger
Am Leben strafte, bloß weil er gesagt,
Er wolle seinen Sohn zum Erben machen
Der Krone, meinend nämlich seines Hauses,
Das so nach dessen Schilde ward benannt.
Auch schildre seine schnöde Üppigkeit
Und viehisches Gelüst nach stetem Wechsel,
Das ihre Mägde, Töchter, Weiber traf,
Wo nur sein lüstern Aug' und wildes Herz
Ohn' Einhalt wählen mochte seinen Raub.
Ja, wenn es not tut, rück mir selbst noch näher

Und sag, als meine Mutter schwanger war
Mit diesem nie zu sättigenden Eduard,
Da habe mein erlauchter Vater York
In Frankreich Krieg geführt und bei Berechnung
Der Zeit gefunden, daß das Kind nicht sein;
Was auch in seinen Zügen kund sich gab,
Als keineswegs dem edlen Herzog ähnlich.
Doch das berührt nur schonend, wie von fern,
Weil meine Mutter, wie Ihr wißt, noch lebt.

Buckingham.

Sorgt nicht, Mylord: ich will den Redner spielen,
Als ob der goldne Lohn, um den ich rechte,
Mir selbst bestimmt wär'; und somit lebt wohl.

Gloster.

Wenn's Euch gelingt, bringt sie nach Baynards-Schloß,
Wo Ihr mich finden sollt, umringt vom Kreis
Gelahrter Bischöf' und ehrwürd'ger Väter.

Buckingham.

Ich geh, und gegen drei bis vier erwartet
Das Neue, was vom Gildehause kommt.

(Buckingham ab.)

Gloster.

Geh, Lovel, ungesäumt zum Doktor Shaw; -
(Zu Catesby.)

Geh du zum Pater Penker; - heißt sie beide
In einer Stund' in Baynards-Schloß mich treffen.
(Lovel und Catesby ab.)
Nun will ich hin, um heimlich zu verfügen,
Wie man des Clarence Bälge schafft beiseit;
Und anzudeuten, daß keine Art Personen
Je zu den Prinzen Zutritt haben soll. *(Ab.)*

SECHSTE SZENE

Eine Straße.

(Ein Kanzellist tritt auf.)

Kanzellist.

Hier ist die Klagschrift wider den Lord Hastings,
Den wackern Mann, in sauberer Kopei,
Um in Sankt Paul sie heute zu verlesen.
Nun merke man, wie fein das hängt zusammen:
Elf Stunden bracht' ich zu, sie abzuschreiben,
Denn Catesby schickte sie mir gestern abend;
Die Urschrift war nicht minder lang in Arbeit,
Und vor fünf Stunden lebte Hastings doch
Noch unbescholten, unverhört, in Freiheit.
Das ist eine schöne Welt! - Wer ist so blöde
Und sieht nicht diesen greiflichen Betrug?

Und wer so kühn und sagt, daß er ihn sieht?
Schlimm ist die Welt, sie muß zugrunde gehn,
Wenn man muß schweigend solche Ränke sehn. *(Ab.)*

SIEBENTE SZENE

Der Hof in Baynards-Schloß.

(Gloster und Buckingham begegnen einander.)

Gloster.
Wie steht's? wie steht's? Was sagt die Bürgerschaft?
Buckingham.
Nun, bei der heil'gen Mutter unsers Herrn!
Die Bürgerschaft ist stockstill, sagt kein Wort.
Gloster.
Spracht ihr von Unechtheit der Kinder Eduards?
Buckingham.
Ja, nebst dem Ehvertrag mit Lady Lucy
Und dem in Frankreich, den er schloß durch Vollmacht;
Der Unersättlichkeit in seinen Lüsten
Und Vergewaltigung der Bürgerfrau'n;
Von seiner Tyrannei um Kleinigkeiten,
Von seiner eignen Unechtheit, als der
Erzeugt ward, da Eu'r Vater außer Lands,
Und der an Bildung nicht dem Herzog glich.

Dann hielt ich ihnen Eure Züge vor,
Als Eures Vaters rechtes Ebenbild,
Wie an Gestalt, so auch an edlem Sinn;
Legt ihnen dar all Eure Sieg' in Schottland,
Die strenge Zucht im Krieg, Weisheit im Frieden,
Auch Eure Güte, Tugend, fromme Demut;
Ließ in der Tat nichts, dienlich für den Zweck,
Im Sprechen unberührt, noch leicht behandelt.
Und als die Redekunst zu Ende ging,
Sagt' ich: Wer seinem Lande wohl will, rufe:
»Gott schütze Richard, Englands großen König!«

Gloster.

Und taten sie's?

Buckingham.

Nein, helf mir Gott, sie sagten nicht ein Wort.
Wie stumme Bilder, unbelebte Steine,
So sahn sie starr sich an und totenbleich.
Dies sehend schalt ich sie und frug den Mayor,
Was dies verstockte Schweigen nur bedeute.
Seine Antwort war, das Volk sei nicht gewohnt,
Daß sonst wer als der Sprecher zu ihm rede.
Gedrungen mußt' er nun mich wiederholen:
»So sagt der Herzog, gibt der Herzog an«;
Doch sagt' er nichts, es zu bestät'gen, selbst.

Als er geschlossen, schwenkten ein'ge Leute
Von meinem Troß, am andern End' des Saals,
Die Mützen um den Kopf, ein Dutzend Stimmen
Erhoben sich: »Gott schütze König Richard!«
Ich nahm den Vorteil dieser wen'gen wahr;
»Dank, lieben Freund' und Bürger!« fiel ich ein,
»Der allgemeine frohe Beifallsruf
Gibt Weisheit kund und Lieb' in euch zu Richard«;
Und damit brach ich ab und ging davon.

Gloster.

Die stummen Blöcke! wollten sie nicht sprechen?
Kommt denn der Mayor mit seinen Brüdern nicht?

Buckingham.

Der Mayor ist hier nah' bei. Stellt Euch besorgt,
Laßt Euch nicht sprechen, als auf dringend Bitten,
Und nehmt mir ein Gebetbuch in die Hand,
Und habt, Mylord, zween Geistliche zur Seite,
Denn daraus zieh ich heil'ge Nutzanwendung.
Laßt das Gesuch so leicht nicht Eingang finden,
Tut mädchenhaft, sagt immer nein, und nehmt.

Gloster.

Ich geh, und wenn du weißt für sie zu sprechen,
Wie ich dir nein für mich zu sagen weiß,
So bringen wir's gewiß nach Wunsch zu Ende.

Buckingham.

Geht, geht, auf den Altan! Der Lord Mayor klopft.

(Gloster ab. Der Lord Mayor, Aldermänner und Bürger treten auf.)

Buckingham.

Willkommen, Mylord! Ich wart umsonst hier auf:

Der Herzog, scheint's, will sich nicht sprechen lassen.

(Catesby kommt aus dem Schloß.)

Nun, Catesby? was sagt Eu'r Herr auf mein Gesuch?

Catesby.

Er bittet Euer Gnaden, edler Lord,

Kommt morgen wieder oder übermorgen.

Er ist mit zwei ehrwürd'gen Vätern drinnen,

Vertieft in geistliche Beschaulichkeit,

Kein weltliches Gesuch möcht' ihn bewegen,

Ihn von der heil'gen Übung abzuziehn.

Buckingham.

Geh, guter Catesby, noch zum gnäd'gen Herzog;

Sag ihm, daß ich, der Mayor und Aldermänner

In trift'ger Absicht, Sachen von Gewicht,

Betreffend minder nicht als aller Wohl,

Hier sind um ein Gespräch mit Seiner Gnaden.

Catesby.

Ich geh sogleich, ihm solches anzumelden. *(Ab.)*

Buckingham.

Ha, Mylord, dieser Prinz, das ist kein Eduard!
Den findt man nicht auf üpp'gem Ruhbett lehnend,
Nein, auf den Knieen liegend in Betrachtung;
Nicht scherzend mit einem Paar von Buhlerinnen,
Nein, mit zwei ernsten Geistlichen betrachtend;
Nicht schlafend, seinen trägen Leib zu mästen,
Nein, betend, seinen wachen Sinn zu nähren.
Beglückt wär' England, wenn der fromme Prinz
Desselben Oberherrschaft auf sich nähme;
Allein ich fürcht, er ist nicht zu bewegen.

Mayor.

Ei, Gott verhüte, daß uns Seine Gnaden
Nein sollte sagen!

Buckingham.

Ich fürcht, er wird es. Da kommt Catesby wieder.
(Catesby kommt zurück.)
Nun, Catesby, was sagt Seine Gnaden?

Catesby.

Ihn wundert, zu was End' Ihr solche Haufen
Von Bürgern habt versammelt, herzukommen,
Da Seine Gnaden dessen nicht gewärtig.
Er sorgt, Mylord, Ihr habt nichts Guts im Sinn.

Buckingham.

Mich kränkt der Argwohn meines edlen Vetters,

Als hätt' ich wider ihn nichts Guts im Sinn.
Beim Himmel! ganz wohlmeinend kommen wir;
Geh wieder hin und sag das Seiner Gnaden.
(Catesby ab.)
Wenn fromm-andächt'ge Männer einmal sind
Beim Rosenkranz, so zieht man schwer sie ab:
So süß ist brünstige Beschaulichkeit.

(Gloster erscheint auf einem Altan zwischen zwei Bischöfen; Catesby kommt zurück.)

Mayor.

Seht, Seine Gnaden zwischen zwei Bischöfen!

Buckingham.

Zwei Tugendpfeilern für ein christlich Haupt,
Ihn vor dem Fall der Eitelkeit zu stützen.
Und, seht nur, ein Gebetbuch in der Hand,
Die wahre Zier, woran man Fromme kennt. –
Großer Plantagenet, erlauchter Prinz,
Leih unserem Gesuch ein günstig Ohr,
Und woll' die Unterbrechung uns verzeihn
Der Andacht und des christlich frommen Eifers.

Gloster.

Mylord, es braucht nicht der Entschuldigung,
Vielmehr ersuch ich Euch, mir zu verzeihn,
Der ich, im Dienste meines Gottes eifrig,

Versäume meiner Freunde Heimsuchung.

Doch, das beiseite, was beliebt Eu'r Gnaden?

Buckingham.

Was, hoff ich, Gott im Himmel auch beliebt

Und den rechtschaffnen Männern insgesamt,

So dieses unregierte Eiland hegt.

Gloster.

Ich sorg, ich hab in etwas mich vergangen,

Das widrig in der Bürger Aug' erscheint;

Und daß Ihr kommt, um mein Versehn zu schelten.

Buckingham.

Das habt Ihr, Mylord: wollt' Eu'r Gnaden doch

Auf unsre Bitten Euren Fehl verbessern!

Gloster.

Weswegen lebt' ich sonst in Christenlanden?

Buckingham.

Wißt denn, Eu'r Fehl ist, daß Ihr überlaßt

Den höchsten Sitz, den majestät'schen Thron,

Dies Eurer Ahnen szepterführend Amt,

Des Rangs Gebühr, den Anspruch der Geburt,

Den Erbruhm Eures königlichen Hauses,

An die Verderbnis eines falschen Sprößlings;

Weil bei so schläfriger Gedanken Milde,

Die wir hier wecken zu des Landes Wohl,

Dies edle Eiland seiner Glieder mangelt,
Entstellt sein Antlitz von der Schande Narben,
Sein Fürstenstamm geimpft mit schlechten Zweigen
Und fast verschlemmt im niederziehnden Sumpf
Der tiefsten nächtlichsten Vergessenheit.
Dies abzustellen, gehn wir dringend an
Eu'r gnädig Selbst, das höchste Regiment
Von diesem Eurem Land auf Euch zu laden,
Nicht als Protektor, Anwalt, Stellvertreter,
Noch dienender Verwalter fremden Guts,
Nein, als der Folge nach, von Glied zu Glied,
Eu'r Erbrecht, Euer Reich, Eu'r Eigentum.
Deshalb, gemeinsam mit der Bürgerschaft,
Die ehrerbietigst Euch ergeben ist,
Und auf ihr ungestümes Dringen komm ich,
Für dies Gesuch Eu'r Gnaden zu bewegen.

Gloster.

Ich weiß nicht, ob stillschweigend wegzugehn,
Ob bitterlich mit Reden Euch zu schelten,
Mehr meiner Stell' und Eurer Fassung ziemt.
Antwort' ich nicht, so dächtet Ihr vielleicht,
Verschwiegner Ehrgeiz will'ge stumm darein,
Der Oberherrschaft goldnes Joch zu tragen,
Das Ihr mir töricht auferlegen wollt.

Doch schelt ich Euch für dieses Eu'r Gesuch,
Durch Eure treue Liebe so gewürzt,
Dann, andrerseits, versehr ich meine Freunde.
Um jenes drum zu meiden und zu reden,
Und nicht in dies beim Reden zu verfallen,
Antwort ich Euch entschiednermaßen so.
Dankwert ist Eure Liebe; doch mein Wert,
Verdienstlos, scheut Eu'r allzu hoch Begehren.
Erst, wäre jede Hindrung weggeräumt,
Und wär' geebnet meine Bahn zum Thron,
Als heimgefallnem Rechte der Geburt:
Dennoch, so groß ist meine Geistesarmut,
So mächtig und so vielfach meine Mängel,
Daß ich mich eh' verbärge vor der Hoheit,
Als Kahn, der keine mächt'ge See verträgt,
Eh' ich von meiner Hoheit mich verbergen,
Von meines Ruhmes Dampf ersticken ließe.
Doch, Gott sei Dank! es tut nicht not um mich;
Und wär's> tät' vieles not mir, Euch zu helfen.
Der königliche Baum ließ Frucht uns nach,
Die> durch der Zeiten leisen Gang gereift>
Wohl zieren wird den Sitz der Majestät,
Und des Regierung uns gewiß beglückt.
Auf ihn leg ich, was Ihr mir auferlegt,

Das Recht und Erbteil seiner guten Sterne,
Was Gott verhüte, daß ich's ihm entrisse.

Buckingham.

Mylord, dies zeigt Gewissen in Eu‘r Gnaden,
Doch seine Gründe sind gering und nichtig,
Wenn man jedweden Umstand wohl erwägt.
Ihr saget, Eduard ist Eu'r Bruderssohn;
Wir sagen's auch, doch nicht von Eduards Gattin.
Denn erst war er verlobt mit Lady Lucy,
Noch lebt des Eides Zeugin, Eure Mutter;
Und dann war ihm durch Vollmacht Bona, Schwester
Des Königes von Frankreich, angetraut.
Doch beide wurden sie hintangesetzt
Zugunsten einer armen Supplikantin,
Der abgehärmten Mutter vieler Söhne,
Der reizverfallnen und bedrängten Witwe,
Die, schon in ihrer Blühzeit Nachmittag,
Sein üppig Aug' erwarb als einen Raub
Und seines Sinnes höchsten Schwung verführte
Zu niederm Fall und schnöder Doppeleh'.
Aus diesem unrechtmäß'gen Bett erzeugt
Ward Eduard, Prinz aus Höflichkeit genannt.
Ich könnt' es bittrer führen zu Gemüt,
Nur daß, aus Achtung ein'ger, die noch leben,

Ich schonend meiner Zunge Schranken setze.
Drum, bester Herr, nehm' Euer fürstlich Selbst
Der Würde dargebornes Vorrecht an:
Wo nicht zu unserm und des Landes Segen,
Doch um Eu'r edles Haus hervorzuziehn
Aus der Verderbnis der verkehrten Zeit,
Zu erblicher und echter Folgereihe.

Mayor.

Tut, bester Herr, was Eure Bürger bitten.

Buckingham.

Weist, hoher Herr, nicht ab den Liebesantrag.

Catesby.

O macht sie froh, gewährt ihr bill'ges Flehn!

Gloster.

Ach, warum diese Sorgen auf mich laden?
Ich tauge nicht für Rang und Majestät.
Ich bitt Euch, legt es mir nicht übel aus:
Ich kann und will Euch nicht willfährig sein.

Buckingham.

Wenn Ihr es weigert, Lieb' und Eifers halb,
Das Kind, den Brudersssohn, nicht zu entsetzen
Wie uns bekannt ist Eures Herzens Milde
Und Euer sanftes, weichliches Erbarmen,
Das wir in Euch für Anverwandte sehn,

Ja, gleichermaßen auch für alle Stände:
So wißt, ob Ihr uns willfahrt oder nicht,
Doch soll Eu'r Bruderssohn uns nie beherrschen;
Wir pflanzen jemand anders auf den Thron
Zum Schimpf und Umsturz Eures ganzen Hauses.
Und, so entschlossen, lassen wir Euch hier. –
Kommt, Bürger, länger wollen wir nicht bitten.
(Buckingham mit den Bürgern ab.)

Catesby.

Ruft, lieber Prinz, sie wieder und gewährt es!
Wenn Ihr sie abweist, wird das Land es büßen.

Gloster.

Zwingt ihr mir eine Welt von Sorgen auf?
Wohl, ruf sie wieder!
(Catesby ab.) Ich bin ja nicht von Stein,
Durchdringlich Eurem freundlichen Ersuchen,
Zwar wider mein Gewissen und Gemüt.
(Buckingham und die übrigen kommen zurück.)
Vetter von Buckingham und weise Männer,
Weil Ihr das Glück mir auf den Rücken schnallt,
Die Last zu tragen, willig oder nicht,
So muß ich in Geduld sie auf mich nehmen.
Wenn aber schwarzer Leumund, frecher Tadel
Erscheinet im Gefolge Eures Auftrags,

So spricht mich Euer förmlich Nöt'gen los

Von jeder Makel, jedem Fleck derselben.

Denn das weiß Gott, das seht Ihr auch zum Teil,

Wie weit entfernt ich bin, dies zu begehren.

Mayor.

Gott segn' Eu'r Gnaden! Wir sehn's und wollen's sagen.

Gloster.

Wenn Ihr es sagt, so sagt Ihr nur die Wahrheit.

Buckingham.

Dann grüß ich Euch mit diesem Fürstentitel:

Lang lebe Richard, Englands würd'ger König!

Alle.

Amen!

Buckingham.

Beliebt's Euch, daß die Krönung morgen sei?

Gloster.

Wann's Euch beliebt, weil Ihr's so haben wollt.

Buckingham.

So warten wir Eu'r Gnaden morgen auf,

Und nehmen hiemit voller Freuden Abschied.

Gloster *(zu den Bischöfen).*

Kommt, gehn wir wieder an das heil'ge Werk; -

Lebt wohl, mein Vetter! lebt wohl, werte Freunde!

(Alle ab.)

VIERTER AUFZUG

ERSTE SZENE

Vor dem Turm.

(Von der einen Seite treten auf Königin Elisabeth, die Herzogin von York, und der Marquis von Dorset; von der andern Anna, Herzogin von Gloster, mit Lady Margaretha Plantagenet, Clarence' kleiner Tochter, an der Hand.)

Herzogin.

Wen treff ich hier? Enklin Plantagenet,

An ihrer guten Muhme Gloster Hand?

So wahr ich lebe, sie will auch zum Turm

Aus Herzensliebe zu dem zarten Prinzen. –

Tochter, ich freue mich, Euch hier zu treffen.

Anna.

Gott geb' Eu'r Gnaden beiden frohe Zeit!

Elisabeth.

Euch gleichfalls, gute Schwester! Wohin geht's?

Anna.

Nicht weiter als zum Turm, und, wie ich rate,

In gleicher frommer Absicht wie Ihr selbst,

Daselbst die holden Prinzen zu begrüßen.

Elisabeth.

Dank, liebe Schwester! Gehn wir all hinein;

Und da kommt eben recht der Kommandant. –

(Brakenbury tritt auf.)

Herr Kommandant, ich bitt Euch, mit Verlaub,
Was macht der Prinz und York, mein jüngrer Sohn?

Brakenbury.

Wohl sind sie, gnäd'ge Frau; doch wollt verzeihn,
Ich darf nicht leiden, daß Ihr sie besucht:
Der König hat es scharf mir untersagt.

Elisabeth.

Der König? wer?

Brakenbury.

Der Herr Protektor, mein ich.

Elisabeth.

Der Herr beschütz' ihn vor dem Königstitel!
So hat er Schranken zwischen mich gestellt
Und ihre Liebe? Ich bin ihre Mutter:
Wer will den Zutritt mir zu ihnen wehren?

Herzogin.

Ich ihres Vaters Mutter, die sie sehn will.

Anna.

Ich bin nur ihre Muhme nach den Rechten,
Doch Mutter nach der Liebe; führe denn
Mich vor sie: tragen will ich deine Schuld
Und dir dein Amt abnehmen auf mein Wort.

Brakenbury.

Nein, gnäd'ge Frau, so darf ich es nicht lassen:

Ein Eid verpflichtet mich, deshalb verzeiht.

(Brakenbury ab. Stanley tritt auf.)

Stanley.

Träf' ich Euch, edle Frau'n, ein Stündchen später,

So könnt' ich Euer Gnaden schon von York

Als würd'ge Mutter und Begleiterin

Von zweien holden Königinnen grüßen.

(Zur Herzogin von *Gloster.)*

Kommt, Fürstin, Ihr müßt gleich nach Westminster:

Dort krönt man Euch als Richards Eh'gemahl.

Elisabeth.

Ach! lüftet mir die Schnüre,

Daß mein beklemmtes Herz Raum hat zu schlagen,

Sonst sink ich um bei dieser Todesbotschaft.

Anna.

Verhaßte Nachricht! unwillkommne Botschaft!

Dorset.

Seid gutes Muts! Mutter, wie geht's Eu'r Gnaden?

Elisabeth.

O Dorset, sprich nicht mit mir! mach dich fort!

Tod und Verderben folgt dir auf der Ferse;

Verhängnisvoll ist deiner Mutter Name.

Willst du dem Tod entgehn, fahr übers Meer,

Bei Richmond Ich, entrückt der Hölle Klau'n.
Geh, eil aus dieser Mördergrube fort,
Daß du die Zahl der Toten nicht vermehrst
Und unter Margarethas Fluch ich sterbe,
Noch Mutter, Weib, noch Königin geachtet.

Stanley.

Voll weiser Sorg' ist dieser Euer Rat. –
Nehmt jeder Stunde schnellen Vorteil wahr;
Ich geb Euch Briefe mit an meinen Sohn
Empfehl es ihm, entgegen Euch zu eilen:
Laßt Euch nicht fangen durch unweises Weilen.

Herzogin.

O schlimm zerstreu'nder Wind des Ungemache! -
O mein verfluchter Schoß, des Todes Bett!
Du hecktest einen Basilisk der Welt,
Des unvermiednes Auge mördrisch ist.

Stanley.

Kommt, Fürstin, kommt! Ich ward in Eil' gesandt.

Anna.

Mit höchster Abgeneigtheit will ich gehn. -
O wollte Gott, es wär' der Zirkelreif
Von Gold, der meine Stirn umschließen soll,
Rotglühnder Stahl und sengte mein Gehirn!
Mag tödlich Gift mich salben, daß ich sterbe,

Eh' wer kann rufen: Heil der Königin!

Elisabeth.

Geh, arme Seel', ich neide nicht dein Glück;
Mir zu willfahren, wünsche dir kein Leid.

Anna.

Wie sollt' ich nicht? Als er, mein Gatte jetzt,
Hinzutrat, wie ich Heinrichs Leiche folgte,
Als er die Hände kaum vom Blut gewaschen,
Das dir entfloß, mein erster Engel-Gatte,
Und jenem toten Heil'gen, den ich weinte;
Oh, als ich da in Richards Antlitz schaute,
War dies mein Wunsch: Sei du, sprach ich, verflucht,
Der mich, so jung, so alt als Witwe macht!
Und wenn du freist, umlagre Gram dein Bett,
Und sei dein Weib (ist eine so verrückt)
Elender durch dein Leben, als du mich
Durch meines teuren Gatten Tod gemacht!
Und sieh, eh' ich den Fluch kann wiederholen,
In solcher Schnelle ward mein Weiberherz
Gröblich bestrickt von seinen Honigworten
Und unterwürfig meinem eignen Fluch,
Der stets seitdem mein Auge wach erhielt:
Denn niemals *eine* Stund' in seinem Bett
Genoß ich noch den goldnen Tau des Schlafe,

Daß seine bangen Träume nicht mich schreckten.
Auch haßt er mich um meinen Vater Warwick
Und wird mich sicherlich in kurzem los.

Elisabeth.

Leb wohl, du armes Herz! Mich dau'rt dein Klagen.

Anna.

Nicht mehr, als Eur's mich in der Seele schmerzt.

Dorset.

Leb wohl, die du mit Weh die Hoheit grüßest!

Anna.

Leb, arme Seele, wohl, die von ihr scheidet!

Herzogin *(zu Dorset).*

Geh du zu Richmond: gutes Glück geleite dich! -
(Zu Anna.)
Geh du zu Richard: gute Engel schirmen dich! –
(Zu Elisabeth.)
Geh du zur Freistatt: guter Trost erfülle dich! –
Ich in mein Grab, wo Friede mit mir ruhe!
Mir wurden achtzig Leidensjahr' gehäuft
Und Stunden Lust in Wochen Grams ersäuft.

Elisabeth.

Verweilt noch, schaut mit mir zurück zum Turm. –
Erbarmt euch, alte Steine, meiner Knaben,
Die Neid in euren Mauern eingekerkert!

Du rauhe Wiege für so holde Kinder!
Felsstarre Amme! finstrer Spielgesell
Für zarte Prinzen! Pflege meine Kleinen!
So sagt mein töricht Leid Lebwohl den Steinen.

(Alle ab.)

ZWEITE SZENE

Ein Staatszimmer im Palast.

(Trompetenstoß. Richard als König auf seinem Thron, Buckingham, Catesby, ein Edelknabe und andre.)

Richard.

Steht alle seitwärts. – Vetter Buckingham –

Buckingham.

Mein gnäd'ger Fürst?

Richard.

Gib mir die Hand. So hoch, durch deinen Rat
Und deinen Beistand, sitzt nun König Richard.
Doch soll der Glanz uns einen Tag bekleiden,
Wie, oder dauern und wir sein uns freun?

Buckingham.

Stets leb' er, möge dauern immerdar!

Richard.

Ah, Buckingham! den Prüfstein spiel ich jetzt,
Ob du dich wohl als echtes Gold bewährst.

Der junge Eduard lebt: rat, was ich meine.

Buckingham.

Sprecht weiter, bester Herr.

Richard.

Ei, Buckingham, ich möchte König sein.

Buckingham.

Das seid Ihr ja, mein hochberühmter Fürst.

Richard.

Ha! bin ich König? Wohl, doch Eduard lebt.

Buckingham.

Wahr, edler Prinz.

Richard.

O bittre Folgerung!

Daß Eduard stets noch lebt: »Wahr, edler Prinz.« -

Vetter, du warst ja sonst so blöde nicht.

Sag ich's heraus? Die Buben wünsch ich tot

Und wollt', es würde schleunig ausgeführt.

Was sagst du nun? Sprich schleunig, faß dich kurz.

Buckingham.

Eu'r Hoheit kann verfahren nach Belieben.

Richard.

Pah, pah! Du bist wie Eis; dein Eifer friert.

Sag, bist du es zufrieden, daß sie sterben?

Buckingham.

Laßt mich ein Weilchen Atem schöpfen, Herr,
Eh' ich bestimmt in dieser Sache rede.
Ich geb Eu'r Hoheit alsobald Bescheid.

(Buckingham ab.)

Catesby (beiseit).
Der König ist erzürnt, er beißt die Lippe.

Richard *(steigt vom Thron).*
Ich will mit eisenköpf'gen Narrn verhandeln,
Mit unbedachten Burschen; keiner taugt mir,
Der mich mit überlegtem Blick erspäht.
Der hochgestiegne Buckingham wird schwierig. –
He, Bursch!

Edelknabe.
Mein Fürst?

Richard.
Weißt du mir keinen, den bestechend Gold
Wohl zu verschwiegnem Todeswerk versuchte?

Edelknabe.
Ich kenne einen mißvergnügten Mann,
Des niedrer Glücksstand seinem Stolz versagt.
Gold wär' so gut bei ihm wie zwanzig Redner
Und wird gewiß zu allem ihn versuchen.

Richard.
Wie ist sein Name?

Edelknabe.

Herr, sein Nam' ist Tyrrel.

Richard.

Ich kenne schon den Mann; geh, Bursche, hol ihn her. –

(Edelknabe ab.)

Der tiefbedächt'ge schlaue Buckingham

Soll nicht mehr Nachbar meines Rates sein.

Hielt er so lang mir unermüdet aus

Und muß nun Atem schöpfen? Wohl, es sei. -

(Stanley tritt auf.)

Lord Stanley, nun? was gibt es Neues?

Stanley.

Wißt, gewogner Herr,

Der Marquis Dorset, hör ich, ist entflohn

Zum Richmond, in die Lande, wo er lebt.

Richard.

Catesby, komm her. Bring ein Gerücht herum,

Gefährlich krank sei Anna, mein Gemahl;

Ich sorge schon, zu Hause sie zu halten.

Find einen Mann von schlechter Herkunft aus,

Dem ich zur Frau des Clarence Tochter gebe; -

Der Jung' ist törlich, und ich fürcht ihn nicht.

Sieh, wie du träumst! Ich sag's nochmal: streu aus,

Anna, mein Weib, sei krank und wohl zum Sterben.

Ans Werk! Mir liegt zu viel dran, jede Hoffnung

Zu hemmen, deren Wachstum schaden kann. –

(Catesby ab.)

Heiraten muß ich meines Bruders Tochter,

Sonst steht mein Königreich auf dünnem Glas.

Erst ihre Brüder morden, dann sie frein!

Unsichrer Weg ~ Doch wie ich einmal bin,

So tief im Blut, reißt Sünd' in Sünde hin.

Beträntes Mitleid wohnt nicht mir im Auge. –

(Der Edelknabe kommt mit Tyrrel zurück.)

Dein Nam' ist Tyrrel?

Tyrell .

James Tyrrel, Eu'r ergebner Untertan.

Richard.

Bist du das wirklich?

Tyrell .

Prüft mich, gnäd'ger Herr.

Richard.

Schlügst du wohl einen meiner Freunde tot?

Tyrell .

Wie's Euch beliebt; doch lieber noch zwei Feinde.

Richard.

Da triffst du's eben, zwei Erzfeinde sind's,

Verstörer meiner Ruh' und süßen Schlafs,

An denen ich dir gern zu schaffen gäbe.

Tyrrel, ich mein im Turm die Bastardbuben.

Tyrell .

Gebt mir zu ihnen offnen Zutritt nur,

So seid Ihr bald der Furcht vor ihnen los.

Richard.

Du singst mir süßen Ton. Hieher komm, Tyrrel:

Geh, auf dies Unterpfand - Steh auf und leih dein Ohr.

(Flüstert ihm zu.)

Nichts weiter braucht es. Sag, es sei geschehn,

Und lieben und befördern will ich dich.

Tyrell .

Ich will es gleich vollziehn. *(Ab.)*

(Buckingham kommt zurück.)

Buckingham.

Mein Fürst, ich hab erwogen im Gemüt

Den Wunsch, um den Ihr eben mich befragtet.

Richard.

Laß gut sein. Dorset ist geflohn zum Richmond.

Buckingham.

Ich höre so, mein Fürst.

Richard.

Stanley, er ist Eu'r Stiefsohn. - Wohl, gebt acht.

Buckingham.

Mein Fürst, ich bitt um mein versprochnes Teil,

Wofür Ihr Treu' und Ehre mir verpfändet;

Die Grafschaft Hereford und ihr fahrend Gut,

Die ich, wie Ihr verspracht, besitzen soll.

Richard.

Stanley, gebt acht auf Eure Frau: befördert

Sie Brief' an Richmond, steht Ihr dafür ein.

Buckingham.

Was sagt Eu'r Hoheit auf die bill'ge Fordrung?

Richard.

Es ist mir noch im Sinn, Heinrich der Sechste

Weissagte, Richmond würde König werden,

Da er ein klein verzognes Bübchen war.

König! - vielleicht –

Buckingham.

Mein Fürst-

Richard.

Wie kam's, daß der Prophet nicht damals mir,

Der ich dabeistand, sagt', ich würd' ihn töten?

Buckingham.

Mein Fürst, die mir versprochne Grafschaft –

Richard.

Richmond! - Ich war letzthin in Exeter,

Da wies der Schulz verbindlich mir das Schloß

Und nannt' es Rougemont; bei dem Namen stutzt' ich,
Weil mir ein Bard' aus Irland einst gesagt,
Nicht lange lebt' ich, wenn ich Richmond sähe.

Buckingham.

Mein Fürst –

Richard.

Was ist die Uhr?

Buckingham.

Ich bin so dreist, Eu'r Hoheit zu erinnern
An was Ihr mir verspracht.

Richard.

Gut, doch was ist die Uhr?

Buckingham.

Zehn auf den Schlag.

Richard.

Nun gut, so laß es schlagen.

Buckingham.

Warum es schlagen lassen?

Richard.

Weil zwischen deiner Bitt' und meinem Denken
Du wie ein Glockenhans den Hammer hältst.
Ich bin nicht in der Gebelaune heut.

Buckingham.

Nun, so erklärt Euch, ob Ihr wollt, ob nicht.

Richard.

Du störst mich nur; ich bin nicht in der Laune.

(Richard mit seinem Gefolge ab.)

Buckingham.

So steht's? Bezahlt er meine wicht'gen Dienste
Mit Hohn? Macht' ich zum König dazu ihn?
O laß mich Hastings warnen und, derweilen
Dies bange Haupt noch steht, nach Brecknock eilen! *(Ab.)*

DRITTE SZENE

Ebendaselbst.

(Tyrrel tritt auf.)

Tyrell.

Geschehn ist die tyrannisch blut'ge Tat,
Der ärgste Greuel jämmerlichen Mords,
Den jemals noch dies Land verschuldet hat.
Dighton und Forrest, die ich angestellt
Zu diesem Streich ruchloser Schlachterei,
Zwar eingefleischte Schurken, blut'ge Hunde,
Vor Zärtlichkeit und mildem Mitleid schmelzend,
Weinten wie Kinder bei der Trau'rgeschichte.
»O so«, sprach Dighton, »lag das zarte Paar«;
»So, so«, sprach Forrest, »sich einander gürtend

Mit den unschuld'gen Alabasterarmen:
Vier Rosen *eines* Stengels ihre Lippen,
Die sich in ihrer Sommerschönheit küßten.
Und ein Gebetbuch lag auf ihrem Kissen,
Das wandte fast«, sprach Forrest, »meinen Sinn;
Doch oh! der Teufel« – dabei stockt' der Bube,
Und Dighton fuhr sofort: »Wir würgten hin
Das völligst süße Werk, so die Natur
Seit Anbeginn der Schöpfung je gebildet.« –
Drauf gingen beide voll Gewissensbisse,
Die sie nicht sagen konnten, und ich ließ sie,
Dem blut'gen König den Bericht zu bringen.

(Richard tritt auf.)

Hier kommt er eben. – Heil, mein hoher Herr!

Richard.

Freund Tyrrel, macht mich deine Zeitung glücklich?

Tyrell.

Wenn das vollbracht zu wissen, was Ihr mir
Befohlen, Euch beglückt, so seid denn glücklich:
Es ist geschehn.

Richard.

Doch sahst du selbst sie tot?

Tyrell.

Ja, Herr.

Richard.

Und auch begraben, lieber Tyrrel?

Tyrell.

Der Kapellan im Turm hat sie begraben;
Wo, weiß ich nicht, die Wahrheit zu gestehn.

Richard.

Komm zu mir, Tyrrel, nach dem Abendessen,
Da sagst du mir den Hergang ihres Tods.
Denk drauf, was ich zulieb dir könnte tun,
Und dein Begehren fällt sogleich dir zu.
Leb wohl indes.

Tyrell.

Zu Gnaden Euch empfohlen. *(Ab.)*

Richard.

Den Sohn des Clarence hab ich eingesperrt,
Die Tochter in geringem Stand verehlicht;
Im Schoß des Abraham ruhn Eduards Söhne,
Und Anna sagte gute Nacht der Welt.
Nun weiß ich, der Bretagner Richmond trachtet
Nach meiner jungen Nicht' Elisabeth
Und blickt, stolz auf dies Band, zur Kron' empor:
Drum will ich zu ihr, als ein muntrer Freier.

(Catesby tritt auf.)

Catesby.

Herr –

Richard.

Gilt es gute oder schlimme Zeitung,
Daß du so grad' hereinstürmst?

Catesby.

Herr, schlimme Zeitung: Morton floh zum Richmond,
Und Buckingham, verstärkt mit tapfern Wäl'schen,
Rückt in das Feld, und seine Macht nimmt zu.

Richard.

Ely samt Richmond drängen näher mich
Als Buckinghams schnell aufgeraffte Macht.
Komm, denn ich lernte, bängliches Erwägen
Sei schläfrigen Verzuges blei'rner Diener;
Verzug führt Bettelei im lahmen Schneckenschritt.
Sei denn mein Flügel, feur'ge Schnelligkeit,
Zum Königsherold und Merkur bereit!
Geh, mustre Volk: mein Schild ist jetzt mein Rat;
Verrätertrotz im Felde ruft zur Tat.

(Beide ab.)

VIERTE SZENE

Vor dem Palast.

(Königin Margaretha tritt auf.)

Margaretha.

So, jetzo wird der Wohlstand überreif
Und fällt in den verfaulten Schlund des Todes.
Hier in der Nähe hab ich schlau gelauscht,
Um meiner Feinde Schwinden abzuwarten.
Von einem grausen Vorspiel war ich Zeugin
Und will nach Frankreich, hoffend, der Erfolg
Werd' auch so bitter, schwarz und tragisch sein.
Unglückliche Margretha, fort! Wer kommt?

(Königin Elisabeth und die Herzogin von York treten auf.)

Elisabeth.

Ach, arme Prinzen! meine zarten Knaben!
Unaufgeblühte Knospen! süße Keime!
Fliegt eure holde Seel' in Lüften noch,
Und hält sie nicht ein Spruch auf ewig fest,
So schwebet um mich mit den luft'gen Flügeln
Und hört die Wehklag' eurer Mutter an!

Margaretha.

Schwebt um sie, sagt, daß Recht um Recht gehandelt
Der Kindheit Früh' in alte Nacht euch wandelt.

Herzogin.

So manches Elend brach die Stimme mir,
Die jammermüde Zung' ist still und stumm.
Eduard Plantagenet, so bist du tot?

Margaretha.

Plantagenet vergilt Plantagenet;
Eduard um Eduard zahlt sein Totenbett.

Elisabeth.

Entziehst du dich, o Gott, so holden Lämmern
Und schleuderst in den Rachen sie dem Wolf?
Wann schliefst du sonst bei solchen Taten schon.

Margaretha.

Als Heinrich starb, der Heil'ge, und mein Sohn.

Herzogin.

Erstorbnes Leben! blindes Augenlicht!
Du armes irdisch-lebendes Gespenst!
Des Wehes Schauplatz, Schande dieser Welt!
Des Grabs Gebühr, vom Leben vorenthalten!
Auszug und Denkschrift lästig langer Tage!
Laß deine Unruh' ruhn auf Engellands
Rechtmäß'ger Erde, die so unrechtmäßig
Berauschst worden von unschuld'gem Blut.
(Setzt sich nieder.)

Elisabeth.

Ach, wolltest du ein Grab so bald gewähren,

Als einen schwermutsvollen Sitz du beutst:
Dann bürg ich mein Gebein hier, ruht' es nicht.
Ach, wer hat Grund zu trauern, außer uns?
(Setzt sich zu ihr.)

Margaretha.

Wenn alter Gram um so ehrwürd'ger ist,
Gesteht der Jahre Vorrang meinem zu,
Und wölke sich mein Kummer obenan.
(Setzt sich neben sie.)
Und wenn der Gram Gesellschaft dulden mag,
Zählt eure Leiden nach, auf meine schauend.
Mein war ein Eduard, doch ein Richard schlug ihn;
Mein war ein Gatte4s, doch ein Richard schlug ihn;
Dein war ein Eduard, doch ein Richard schlug ihn;
Dein war ein Richard, doch ein Richard schlug ihn.

Herzogin.

Mein war ein Richard auch, und du erschlugst ihn;
Mein war ein Rutland auch, du halfst ihn schlagen.

Margaretha.

Dein war ein Clarence auch, und Richard schlug ihn.
Aus deines Schoßes Höhle kroch hervor
Ein Höllenhund, der all uns hetzt zu Tod.
Den Hund, der eh' als Augen Zähne hatte,
Gebißner Lämmer frommes Blut zu lecken;

Der Gotteswerke schändlichen Verderber;
Den trefflich großen Wüterich der Erde,
In wunden Augen armer Seelen herrschend,
Ließ los dein Schoß, um uns ins Grab zu jagen.
O redlich ordnender, gerechter Gott!
Wie dank ich dir, daß dieser Metzgerhund
In seiner Mutter Leibesfrüchten schwelgt
Und macht sie zur Gesellin fremder Klagen.

Herzogin.

O juble, Heinrichs Weib, nicht um mein Weh!
Gott zeuge mir, daß ich um deins geweint.

Margaretha.

Ertrage mich: ich bin nach Rache hungrig
Und sätt'ge nun an ihrem Anblick mich.
Tot ist dein Eduard, Mörder meines Eduards;
Dein andrer Eduard tot für meinen Eduard;
Der junge York war Zutat: beid' erreichten
Nicht meines Eingebüßten hohen Preis.
Tot ist dein Clarence, Meuchler meines Eduards,
Und die Zuschauer dieses Trauerspiels,
Der falsche Hastings, Rivers, Vaughan, Grey,
Sind vor der Zeit versenkt ins dumpfe Grab.
Richard nur lebt, der Hölle schwarzer Spürer,
Als Mäkler aufbewahrt, der Seelen kauft

Und hin sie sendet: aber bald, ja bald
Erfolgt sein kläglich, unbeklagtes Ende.
Die Erde gähnt, die Hölle brennt,
Die Teufel brüllen, Heil'ge beten,
Auf daß er schleunig werde weggerafft.
Vernichte, lieber Gott, ich fleh dich an,
Den Pfandschein seines Lebens, daß ich noch
Dies Wort erleben mag: der Hund ist tot!

Elisabeth.

Oh, du hast prophezeit, es käm' die Zeit,
Wo ich herbei dich wünscht', um mitzufluchen
Der bauch'gen Spinne, dem geschwollnen Molch.

Margaretha.

Da nannt' ich dich ein Scheinbild meines Glücks,
Da nannt' ich dich gemalte Königin;
Die Vorstellung nur dessen, was ich war;
Ein schmeichelnd Inhaltsblatt zu grausem Schauspiel;
So hoch erhoben, tief gestürzt zu werden;
Zwei holder Knaben bloß geäffte Mutter;
Ein Traum des, was du warst; ein bunt Panier,
Zum Ziel gestellt für jeden droh'nden Schuß;
Ein Schild der Würde, eine Blas', ein Hauch,
Kön'gin zum Spaß, die Bühne nur zu füllen.
Wo ist dein Gatte nun? wo deine Brüder?

Wo deine beiden Söhne? Was noch freut dich?
Wer kniet und sagt nun: Heil der Königin?
Wo sind die Pairs, die schmeichelnd sich dir bückten?
Wo die gedrängten Haufen, die dir folgten?
Geh all dies durch, und sieh, was bist du jetzt.
Statt glücklich Eh'weib, höchst bedrängte Witwe;
Statt frohe Mutter, jammernd bei dem Namen;
Statt angefleht, demütig Flehende;
Statt Königin, mit Not gekrönte Sklavin;
Statt daß du mich verhöhnt, verhöhnt von mir;
Statt allgefürchtet, einen fürchtend nun;
Statt allgebietend, nun gehorcht von keinem.
So bat des Rechtes Lauf sich umgewälzt
Und dich der Zeit zum rechten Raub gelassen;
Nur der Gedanke blieb dir, was du warst,
Auf daß dich's mehr noch foltre, was du bist.
Du maßtest meinen Platz dir an: und fällt
Nicht meiner Leiden richtig Maß dir zu?
Halb trägt dein stolzer Nacken nun mein Joch,
Und hier entzieh ich ihm das müde Haupt
Und lasse dessen Bürde ganz auf dir.
Leb wohl, Yorks Weib, des Unglücks Königin!
In Frankreich labt mir Englisch Weh den Sinn.

Elisabeth.

O du in Flüchen wohl Erfahrne, weile
Und lehre mich, zu fluchen meinen Feinden!

Margaretha.

Versag dir nachts den Schlaf, und faste tags;
Vergleiche totes Glück lebend'gem Weh;
Denk deine Knaben holder, als sie waren,
Und schnöder, als er ist, den, der sie schlug:
Mit dem Verlust muß sich der Abscheu mehren;
Dies überdenken, wird dich fluchen lehren.

Elisabeth.

O schärfe meine stumpfen Wort' an deinen!

Margaretha.

Dein Weh wird scharf sie machen, gleich den meinen. *(Ab.)*

Herzogin.

Warum doch ist Bedrängnis reich an Worten?

Elisabeth.

Wind'ge Sachwalter ihrer Leidparteien!
Luft'ge Beerber unbewillter Freuden!
Des Elends arme hingehauchte Redner!
Gönnt ihnen Raum: obschon, was sie gewußt,
Auch sonst nicht hilft, doch lindert es die Brust.

Herzogin.

Ist das, so binde deine Zunge nicht:
Geh mit mir, und im Hauche bittrer Worte

Sei mein verdammter Sohn von uns erstickt,
Der deine beiden süßen Söhn' erstickte.

(Trommeln hinter der Szene.)

Ich höre Trommeln; spar nicht dein Geschrei.

(Richard mit seinem Zuge, auf dem Marsch.)

Richard.

Wer hält in meinem Zuge hier mich auf?

Herzogin.

O sie, die dich möcht aufgehalten haben,
In ihrem fluchbeladnen Schoß dich würgend,
Eh' du, Elender, all den Mord verübt.

Elisabeth.

Birgst du die Stirn mit einer goldnen Krone,
Wo, gäb's ein Recht, gebrandmarkt sollte stehn
Der Mord des Prinzen, des die Krone war,
Und meiner Söhn' und Brüder grauser Tod?
Du büb'scher Knecht, sag, wo sind meine Kinder?

Herzogin.

Du Molch, du Molch, wo ist dein Bruder Clarence
Und Ned Plantagenet, sein kleiner Sohn?

Elisabeth.

Wo ist der wackre Rivers, Vaughan, Grey?

Herzogin.

Wo ist der gute Hastings?

Richard.

Ein Tusch, Trompeten! Trommeln, schlaget Lärm!
Der Himmel höre nicht die Schnischnackweiber
Des Herrn Gesalbten lästern: schlagt, sag ich!

(Tusch. Lärmtrommeln.)

Geduldig seid und gebt mir gute Worte,
Sonst in des Krieges lärmendem Getöse
Ersäuf ich eure Ausrufungen so.

Herzogin.

Bist du mein Sohn?

Richard.

Ja, Gott gedankt sei's, Euch und meinem Vater.

Herzogin.

So hör geduldig meine Ungeduld.

Richard.

Ich habe eine Spur von Eurer Art, Frau Mutter,
Die nicht den Ton des Vorwurfs dulden kann.

Herzogin.

O laß mich reden!

Richard.

Tut's, doch hör ich nicht.

Herzogin.

Ich will in meinen Worten milde sein.

Richard.

Und, gute Mutter, kurz! Denn ich hab Eil'.

Herzogin.

Bist du so eilig? Ich hab dein gewartet,
Gott weiß, in Marter und in Todesangst.

Richard.

Doch kam ich endlich nicht zu Eurem Trost?

Herzogin.

Nein, bei dem heil'gen Kreuz! Zur Welt gebracht,
Hast du die Welt zur Hölle mir gemacht.
Eine schwere Bürde war mir die Geburt;
Launisch und eigensinnig deine Kindheit;
Die Schulzeit schreckhaft, heillos, wild und wütig;
Dein Jugendlenz verwegen, dreist und tollkühn;
Dein reifres Alter stolz, fein, schlau und blutig,
Zwar milder, aber schlimmer, sanft im Haß.
Welch eine frohe Stunde kannst du nennen,
Die je in deinem Beisein mich begnadigt?

Richard.

Find ich so wenig Gnad' in Euren Augen,
So laßt mich weiterziehn und Euch nicht ärgern. –
Trommel gerührt!

Herzogin.

Ich bitt dich, hör mich reden.

Richard.

Ihr redet allzu bitter.

Herzogin.

Hör ein Wort,
Denn niemals wieder werd ich mit dir reden.

Richard.

Wohl!

Herzogin.

Du stirbst entweder durch des Himmels Fügung,
Eh' du aus diesem Krieg als Sieger kommst;
Oder *ich* vergeh vor Gram und hohem Alter,
Und niemals werd ich mehr dein Antlitz sehn.
Drum nimm mit dir den allerschwersten Fluch,
Der mehr am Tag der Schlacht dich mög' ermüden
Als all die volle Rüstung, die du trägst!
Für deine Gegner streitet mein Gebet,
Und dann der Kinder Eduards kleine Seelen,
Sie flüstern deiner Feinde Geistern zu
Und angeloben ihnen Heil und Sieg.
Blutig, das bist du; blutig wirst du enden:
Wie du dein Leben, wird dein Tod dich schänden. *(Ab.)*

Elisabeth.

Zwar weit mehr Grund zum Fluchen wohnt mir bei,
Doch minder Mut: drum sag ich Amen nur.

(Will gehen.)

Richard.

Bleibt, gnäd'ge Frau: ich muß ein Wort Euch sagen.

Elisabeth.

Nicht mehr der Söhn' aus königlichem Blut
Für dich zum Morden, Richard, hab ich ja.
Und meine Töchter, nun, die sollen beten
Als Nonnen, nicht als Königinnen weinen:
Und also steh nach ihrem Leben nicht.

Richard.

Ein' Eurer Töchter heißt Elisabeth,
Ist tugendsam und schön, fürstlich und fromm.

Elisabeth.

Und bringt ihr das den Tod? o laß sie leben,
Und ihre Sitten will ich selbst verderben,
Beflecken ihre Schönheit, mich verleumden,
Als wär' ich treulos Eduards Bett gewesen,
Der Schande Schleier werfen über sie:
So sie den blut'gen Streichen nur entrinnt,
Bekenn ich gern, sie sei nicht Eduards Kind.

Richard.

Ehrt ihre Abkunft, sie ist königlich.

Elisabeth.

Ich leugn' es ab, das Leben ihr zu sichern.

Richard.

Ihr Leben sichert die Geburt zumeist.

Elisabeth.

Dadurch gesichert starben ihre Brüder.

Richard.

Weil gute Sterne der Geburt gemangelt.

Elisabeth.

Nein, weil ihr Leben üble Freunde hatte.

Richard.

Nicht umzukehren ist des Schicksals Spruch.

Elisabeth.

Ja, wenn verkehrter Sinn das Schicksal macht.
Den Kindern war ein schönrer Tod beschieden,
Hättst du ein schönres Leben dir erkoren.

Richard.

Ihr sprecht, als hätt' ich meine Vetter umgebracht.

Elisabeth.

Wohl umgebracht! Du brachtest sie um alles:
Um Freude, Reich, Verwandte, Freiheit, Leben.
Wes Hand die zarten Herzen auch durchbohrt,
Dein Kopf, mit krummen Wegen, gab die Richtung;
Stumpf war gewiß das mörderische Messer,
Bis es, gewetzt an deinem harten Herzen,
In meiner Lämmer Eingeweiden wühlte.
Den wilden Gram macht die Gewohnheit zahm,

Sonst nennte meine Zunge deinen Ohren
Nicht meine Knaben eh', als meine Nägel
In deinen Augen schon geankert hätten,
Und ich, in so heilloser Todesbucht,
Gleichwie ein Boot, beraubt der Tau' und Segel,
Zerscheitert wär' an deiner Felsenbrust.

Richard.

So glück' es mir bei meinem Unternehmen
Und blut'gen Kriegs gefährlichem Erfolg,
Als ich mehr Guts gedenk Euch und den Euren,
Als ich je Leids Euch und den Euren tat.

Elisabeth.

Welch Gut, bedeckt vom Angesicht des Himmels,
Ist zu entdecken, das mir Gutes schaffte?

Richard.

Erhebung Eurer Kinder, werte Frau.

Elisabeth.

Zum Blutgerüst, ihr Haupt da zu verlieren.

Richard.

Nein, zu der Höh' und Würdigkeit des Glücks,
Dem hehren Vorbild ird'scher Herrlichkeit.

Elisabeth.

Schmeichle mein Leid mit dem Bericht davon.
Sag, welchen Glückstand, welche Würd' und Ehre

Kannst du auf eins von meinen Kindern bringen?

Richard.

Was ich nur habe; ja, mich selbst und alles
Will ich an deiner Kinder eins verschenken,
So du im Lethe deines zorn'gen Muts
Die trüb' Erinnrung dessen willst ertränken,
Was, wie du meinst, ich dir zu nah getan.

Elisabeth.

Sei kurz, der Antrag deiner Freundschaft möchte
Sonst länger dauern als die Freundschaft selbst.

Richard.

So wiss', von Herzen lieb ich deine Tochter.

Elisabeth.

Im Herzen denkt es meiner Mutter Tochter.

Richard.

Was denket Ihr?

Elisabeth.

Daß du *vom* Herzen meine Tochter liebst.
So liebtest du *vom* Herzen ihre Brüder,
Und ich, *vom* Herzen, danke dir dafür.

Richard.

Verwirret meine Meinung nicht so rasch.
Ich meine, herzlich lieb ich deine Tochter
Und mache sie zur Königin von England.

Elisabeth.

Wohl, doch wer meinst du, soll ihr König sein?

Richard.

Nun, der zur Königin sie macht. Wer sonst?

Elisabeth.

Wie? du?

Richard.

Ich, eben ich: was dünkt Euch, gnäd'ge Frau?

Elisabeth.

Wie kannst du um sie frein?

Richard.

Das möcht ich lernen

Von Euch, die ihren Sinn am besten kennt.

Elisabeth.

Und willst du's von mir lernen?

Richard.

Herzlich gern.

Elisabeth.

Schick durch den Mann, der ihre Brüder schlug,

Ihr ein paar blut'ge Herzen; grabe drein:

Eduard und York; dann wird sie etwa weinen,

Drum biet ihr (wie Margretha deinem Vater

Weiland getan, getaucht in Rutlands Blut)

Ein Schnupftuch, das den Purpursaft, so sag ihr,

Aus ihrer süßen Brüder Leibe sog,
Und heiß' damit ihr weinend Aug' sie trocknen.
Rührt diese Lockung nicht zur Liebe sie,
Send einen Brief von deinen edlen Taten:
Sag ihr, du räumtest ihren Oheim Clarence
Und Rivers weg; ja, halfest ihrethalb
Der guten Tante Anna schleunig fort.

Richard.

Ihr spottet, gnäd'ge Frau: sie zu gewinnen
Ist das der Weg nicht.

Elisabeth.

Keinen andern gibt's,
Kannst du dich nicht in andre Bildung kleiden
Und nicht der Richard sein, der all dies tat.

Richard.

Setzt, daß ich's nur aus Liebe zu ihr tat.

Elisabeth.

Ja, dann fürwahr muß sie durchaus dich hassen,
Der Lieb' erkauft um solchen blut'gen Raub.

Richard.

Seht, was geschehn, steht jetzo nicht zu ändern.
Der Mensch geht manchmal unbedacht zu Werk,
Was ihm die Folge Zeit läßt zu bereun.
Nahm Euren Söhnen ich das Königreich,

So geb ich's zum Ersatz nun Eurer Tochter.
Bracht' ich die Früchte Eures Schoßes um,
Um Eu'r Geschlecht zu mehren, will ich mir
Aus Eurem Blute Leibeserben zeugen.
Großmutter heißen ist kaum minder lieb
Als einer Mutter innig süßer Name.
Sie sind wie Kinder, nur eine Stufe tiefer,
Von Eurer Kraft, von Eurem echten Blut,
Ganz gleicher Müh' bis auf eine Nacht des Stöhnens,
Von der geduldet, für die Ihr sie littet.
Plag' Eurer Jugend waren Eure Kinder,
Trost Eures Alters sollen meine sein.
Was Ihr verlort, war nur ein Sohn als König,
Dafür wird Eure Tochter Königin.
Ich kann nicht, wie ich wollt', Ersatz Euch schaffen,
Drum nehmt, was ich in Güte bieten kann.
Dorset, Eu'r Sohn, der mißvergnügte Schritte
Mit banger Seel' auf fremdem Boden lenkt,
Wird durch dies holde Bündnis schleunig heim
Zu großer Würd' und hoher Gunst gerufen.
Der König, der die schöne Tochter Gattin nennt,
Wird traulich deinen Dorset Bruder nennen.
Ihr werdet wieder Mutter eines Königs,
Und alle Schäden drangsalvoller Zeiten

Zwiefach ersetzt mit Schätzen neuer Lust.
Ei, wir erleben noch viel wackre Tage!
Die hellen Tränentropfen kommen wieder,
Die ihr vergoßt, in Perlen umgewandelt,
Das Darlehn Euch vergütend, mit den Zinsen
Von zehnfach doppeltem Gewinn des Glücks.
Geh, meine Mutter, geh zu deiner Tochter:
Erfahrung mach' ihr schüchtern Alter dreist;
Bereit ihr Ohr auf eines Freiers Lied;
Leg in ihr zartes Herz die kühne Flamme
Der goldnen Hoheit; lehre die Prinzessin
Der Ehefreuden süß verschwiegne Stunden:
Und wenn der Arm hier jenen Zwergrebellen,
Den ungehirnten Buckingham gezüchtigt,
Dann komm ich prangend im Triumpheskranz
Und führ ins Bett des Siegers deine Tochter;
Ihr liefr' ich die Erobrung wieder ab,
Und sie sei einzig Sieg'rin, Cäsars Cäsar.

Elisabeth.

Wie soll ich sagen? Ihres Vaters Bruder
Will ihr Gemahl sein? Oder sag ich, Oheim?
Oder, der Oheim' ihr erschlug und Brüder?
Auf welchen Namen würb' ich wohl für dich,
Den Gott, Gesetz, meine Ehr' und ihre Liebe

Den zarten Jahren ließ' gefällig sein?

Richard.

Zeig Englands Frieden ihr in diesem Bündnis.

Elisabeth.

Den sie erkaufen wird mit stetem Krieg.

Richard.

Sag ihr, der König, sonst gebietend, bitte.

Elisabeth.

Das von ihr, was der Kön'ge Herr verbeut.

Richard.

Sag, sie werd' eine mächt'ge Königin.

Elisabeth.

Den Titel zu bejammern, sowie ich.

Richard.

Sag, immerwährend lieben woll' ich sie.

Elisabeth.

Wie lang wird wohl dies Wörtchen *immer* währen?

Richard.

Bis an das Ende ihres holden Lebens.

Elisabeth.

Wie lang wird wohl dies süße Leben währen?

Richard.

So lang Natur und Himmel es verlängt.

Elisabeth.

So lang's die Höll' und Richard leiden mag.

Richard.

Sag, ich, ihr Herrscher, sei ihr Untertan.

Elisabeth.

Zwar Untertanin, haßt sie solche Herrschaft.

Richard.

Zu meinem Besten sei beredt bei ihr.

Elisabeth.

Ein redlich Wort macht Eindruck, schlicht gesagt.

Richard.

So sag ihr meine Lieb' in schlichten Worten.

Elisabeth.

Schlicht und nicht redlich lautet allzu rauh.

Richard.

Zu seicht und lebhaft sind mir Eure Gründe.

Elisabeth.

Nein, meine Gründe sind zu tief und tot;

Zu tief und tot im Grab die armen Kinder.

Richard.

Rührt nicht *die* Saite mehr: das ist vorbei.

Elisabeth.

Ich will sie rühren, bis das Herz mir springt.

Richard.

Bei meinem George, dem Knieband und der Krone –

Elisabeth.

Entweiht, entehrt, die dritte angemaßt!

Richard.

Schwör ich –

Elisabeth.

Bei nichts; denn dieses ist kein Schwur.

Der George, entehrt, verlor die heil'ge Ehre;

Befleckt, das Knieband seine Rittertugend;

Geraubt, die Krone ihren Fürstenglanz.

Willst du was schwören, das man glauben mag,

So schwör bei etwas, das du nicht gekränkt.

Richard.

Nun, bei der Welt –

Elisabeth.

Voll deines schnöden Unrechts.

Richard.

Bei meines Vaters Tod –

Elisabeth.

Dein Leben schmäht ihn.

Richard.

Dann bei mir selbst –

Elisabeth.

Dein Selbst ist selbstgeschändet.

Richard.

Beim Himmel –

Elisabeth.

Gottes Kränkung ist die ärgste.
Hättst du gescheut, den Schwur bei ihm zu brechen,
Die Einigkeit, die mein Gemahl gestiftet,
Wär' nicht zerstört, mein Bruder nicht erschlagen.
Hättst du gescheut, den Schwur bei ihm zu brechen,
Dies hehre Gold, umzirkelnd nun dein Haupt,
Es zierte meines Kindes zarte Schläfen
Und beide Prinzen wären atmend hier,
Die nun, im Staub zwei zarte Bettgenossen,
Dein treulos Tun zum Raub der Würmer machte.
Wobei nun kannst du schwören?

Richard.

Bei der künft'gen Zeit.

Elisabeth.

Die kränktest du in der Vergangenheit.
Mit Tränen muß ich selbst die Zukunft waschen,
Für die Vergangenheit, gekränkt durch dich.
Die Kinder, deren Eltern du ermordet,
In unberatner Jugend leben sie
Und müssen es bejammern noch im Alter.
Die Eltern, deren Kinder du geschlachtet,
Als unfruchtbare Pflanzen leben sie

Und müssen es bejammern schon im Alter.
Schwör bei der Zukunft nicht, so mißverwandelt
Durch die vergangne Zeit, die du mißhandelt.

Richard.

So wahr ich sinn auf Wohlfahrt und auf Reu'!
So geh's mir wohl im mißlichen Versuch
Feindsel'ger Waffen! Schlag ich selbst mich selbst!
Himmel und Glück entzieh' mir frohe Stunden!
Tag, weigre mir dein Licht! Nacht, deine Ruh'!
Sei'n alle Glücksplaneten meinem Tun
Zuwider! wo ich nicht mit Herzensliebe,
Mit makelloser Andacht, heil'gem Sinn
Um deine schön' und edle Tochter werbe!
Auf ihr beruht mein Glück und deines auch:
Denn ohne sie erfolgt für mich und dich,
Sie selbst, das Land und viele Christenseelen
Tod und Verwüstung, Fall und Untergang.
Es steht nicht zu vermeiden, als durch dies;
Es wird auch nicht vermieden, als durch dies.
Drum, liebe Mutter (so muß ich Euch nennen),
Seid meiner Liebe Anwalt: stellt ihr vor
Das, was ich sein will, nicht, was ich gewesen;
Nicht mein Verdienst, nein, was ich will verdienen;
Dringt auf die Notdurft und den Stand der Zeiten,

Und seid nicht launenhaft in großen Sachen.

Elisabeth.

Soll ich vom Teufel so mich locken lassen?

Richard.

Ja, wenn der Teufel dich zum Guten lockt.

Elisabeth.

Soll ich denn selbst vergessen meiner selbst?

Richard.

Wenn Eurer selbst gedenken selbst Euch schadet.

Elisabeth.

Du brachtest meine Kinder um.

Richard.

In Eurer Tochter Schoß begrab ich sie;
Da, in dem Nest der Würz', erzeugen sie
Sich selber neu, zu Eurer Wiedertröstung.

Elisabeth.

Soll ich die Tochter zu gewinnen gehn?

Richard.

Und seid beglückte Mutter durch die Tat.

Elisabeth.

Ich gehe; schreibt mir allernächstens,
Und Ihr vernehmt von mir, wie sie gesinnt.

Richard.

Bringt meinen Liebeskuß ihr, und lebt wohl.

(Küßt sie. Elisabeth ab.)

Nachgieb'ge Törin! wankelmütig Weib!

Nun? was gibt's Neues?

(Ratcliff tritt auf, und Catesby folgt ihm.)

Ratcliff.

Gewalt'ger Fürst, im Westen längs der Küste

Wogt eine mächt'ge Flotte; hin zum Strand

Drängt sich ein Haufe hohlgeherzter Freunde,

Wehrlos und ohn' Entschluß, sie wegzutreiben.

Man meinet, Richmond sei ihr Admiral.

Sie liegen da, die Hilfe Buckinghams

Erwartend nur, am Strand sie zu empfangen.

Richard.

Ein flinker Freund soll hin zum Herzog Norfolk:

Du, Ratcliff; oder Catesby: wo ist er?

Catesby.

Hier, bester Herr.

Richard.

Catesby, flieg hin zum Herzog.

Catesby.

Das will ich, Herr, mit aller nöt'gen Eil'.

Richard.

Ratcliff, komm her. Reit hin nach Salisbury:

Wenn du dahin kommst -

(Zu Catesby.) Unachtsamer Schurke,

Was säumst du hier, und gehst nicht hin zum Herzog?

Catesby.

Erst, hoher Herr, erklärt die gnäd'ge Meinung,

Was ich von Euer Hoheit ihm soll melden.

Richard.

Wahr, guter Catesby! Gleich aufbringen soll er

Die größte Macht und Mannschaft, die er kann,

Und treffe mich alsbald zu Salisbury.

Catesby.

Ich gehe. *(Ab.)*

Ratcliff.

Was soll ich, wenn's beliebt, zu Salisbury?

Richard.

Ei, was hast du zu tun da, eh' ich komme?

Ratcliff.

Eu'r Hoheit sagte mir, vorauszureiten.

(Stanley tritt auf.)

Richard.

Ich bin itzt andern Sinns. – Stanley, was bringst

du Neues?

Stanley.

Nichts Gutes, Herr, daß Ihr es gerne hörtet,

Noch auch so schlimm, daß man's nicht melden dürfte.

Richard.

Heida, ein Rätsel! weder gut noch schlimm!

Was brauchst du so viel Meilen umzugehn,

Statt grades Weges deinen Spruch zu sprechen?

Nochmal, was gibt's?

Stanley.

Richmond ist auf der See.

Richard.

Versänk' er da, und wär' die See auf ihm!

Landläufer ohne Herz, was tut er da?

Stanley.

Ich weiß nicht, mächt'ger Fürst, und kann nur raten.

Richard.

Nun, und Ihr ratet?

Stanley.

Gereizt von Dorset, Buckingham und Morton,

Kommt er nach England und begehrt die Krone.

Richard.

Ist der Stuhl ledig? ungeführt das Schwert?

Ist tot der König? herrenlos das Reich?

Sind Erben Yorks am Leben, außer mir?

Und wer ist Englands König, als Yorks Erbe?

Drum sage mir, was tut er auf der See?

Stanley.

Es sei denn dazu, Herr, kann ich's nicht raten.

Richard.

Es sei denn, daß er komm', Eu'r Fürst zu sein,
Könnt Ihr nicht raten, was der Wäl'sche will!
Ich fürcht, Ihr fallt mir ab und flieht zu ihm.

Stanley.

Nein, mächt'ger Fürst; mißtraut mir also nicht.

Richard.

Wo ist dein Volk denn, ihn zurückzuschlagen?
Wo hast du deine Leut' und Lehnsvasallen?
Sind sie nicht an der Küst' im Westen jetzt,
Geleit zum Landen den Rebellen gehend?

Stanley.

Nein, meine Freunde sind im Norden, bester Herr.

Richard.

Mir kalte Freunde: was tun die im Norden,
Da sie ihr Fürst zum Dienst im Westen braucht?

Stanley.

Sie waren nicht befehligt, großer König.
Geruht Eu'r Majestät mich zu entlassen,
So mustr' ich meine Freund' und treff Eu'r Gnaden,
Wo es und wann Eu'r Majestät beliebt.

Richard.

Ja, ja, du möchtest gern zu Richmond stoßen:

Ich will Euch, Herr, nicht traun.

Stanley.

Gewalt'ger Fürst,

Ihr habt an meiner Freundschaft nicht zu zweifeln;

Ich war und werde nimmer treulos sein.

Richard.

Geht denn, mustert Volk. Doch, hört Ihr, laßt zurück

George Stanley, Euren Sohn; und wankt Eu'r Herz,

Gebt acht, so steht sein Kopf nicht allzu fest.

Stanley.

Verfahrt mit ihm, wie ich mich treu bewähre.

(Stanley ab. Ein Bote tritt auf.)

Bote.

Mein gnäd'ger Fürst, es sind in Devonshire,

Wie ich von Freunden wohl berichtet bin,

Sir Eduard Courtney und der stolze Kirchherr,

Bischof von Exeter, sein ältrer Bruder,

Samt vielen Mitverbündeten in Waffen.

(Ein andrer Bote tritt auf.)

Zweiter Bote.

Mein Fürst, in Kent die Guilfords sind in Waffen,

Und jede Stunde strömen den Rebellen

Mitwerber zu, und ihre Macht wird stark.

(Noch ein andrer Bote tritt auf.)

Dritter Bote.

Mein Fürst, das Heer des großen Buckingham –

Richard.

Fort mit euch Uhus! Nichts als Todeslieder?

(Er schlägt den Boten.)

Da, nimm das, bis du beßre Zeitung bringst.

Dritter Bote.

Was ich Eu'r Majestät zu melden habe,

Ist, daß durch jähe Flut und Wolkenbrüche

Buckinghams Heer zerstreut ist und versprengt

Und daß er selbst allein sich fortgemacht;

Wohin, weiß niemand.

Richard.

Oh, ich bitt, entschuldigt!

Da ist mein Beutel, um den Schlag zu heilen.

Ließ nicht ein wohlberatner Freund Belohnung

Ausrufen dem, der den Verräter greift?

Dritter Bote.

Ein solcher Ausruf ist geschehn, mein Fürst.

(Ein vierter Bote tritt auf.)

Vierter Bote.

Sie Thomas Lovel und der Marquis Dorset

Sind, Herr, wie's heißt, in Yorkshire in den Waffen.

Doch diesen guten Trost bring ich Eu'r Hoheit:

Vom Sturm zerstreut ist die Bretagner Flotte;
Richmond sandt' an die Küst' in Dorsetshire
Ein Boot aus, die am Ufer zu befragen,
Ob sie mit ihm es hielten oder nicht.
Sie kämen, sagten sie, vom Buckingham
Zu seinem Beistand; doch er traute nicht,
Zog Segel auf, und steur'te nach Bretagne.

Richard.

Ins Feld! ins Feld! weil wir in Waffen sind:
Wo nicht zu fechten mit auswärt'gen Feinden,
Zu Dämpfung der Rebellen hier zu Haus.

(Catesby tritt auf.)

Catesby.

Der Herzog Buckingham, Herr, ist gefangen:
Das ist die beste Zeitung; daß Graf Richmond
Mit großer Macht gelandet ist zu Milford,
Klingt minder gut, doch will's gemeldet sein.

Richard.

Wohlau{ nach Salisbury! Indes wir schwatzen,
Könnt' eine Hauptschlacht schon entschieden sein.
Trag einer Sorge, Buckingham zu schaffen
Nach Salisbury; ihr andern zieht mit mir.

(Alle ab.)

FÜNFTE SZENE

Ein Zimmer in Stanleys Hause.

(Stanley und Sir Christopher Urswick, ein Priester, treten auf.)

Stanley.

Sir Christopher, sagt Richmond dies von mir:
Im Kofen des blutdürst'gen Ebers sei
Mein Sohn, George Stanley, eingestallt in Haft;
Und fall ich ab, so fliegt des Knaben Kopf.
Die Furcht hält meinen Beistand noch zurück.
Doch sagt, wo ist der edle Richmond jetzt?

Urswick.

Zu Pembroke, oder Ha'rford-West, in Wales.

Stanley.

Wer hält sich zu ihm von namhaften Männern?

Urswick.

Sir Walter Herbert, ein berühmter Krieger;
Sir Gilbert Talbot, Sir William Stanley;
Oxford, der mächt'ge Pembroke, Sir James Blunt,
Und Rice ap Thomas, mit beherzter Schar,
Und viele mehr von großem Ruf und Wert;
Und hin nach London richten sie den Zug,
Wenn sie kein Angriff hindert unterwegs.

Stanley.

Wohl, eil zu deinem Herrn: empfiehl mich ihm,

Sag ihm, die Königin woll' ihre Tochter

Elisabeth ihm herzlich gern vermählen.

Die Briefe hier eröffnen ihm das Weitre.

Leb wohl.

(Er gibt ihm Papiere. Beide ab.)

FÜNFTER AUFZUG

ERSTE SZENE

Salisbury. Ein offner Platz.

(Der Sheriff und die Wache, mit Buckingham, der zur Hinrichtung geführt wird.)

Buckingham.

Will König Richard sich nicht sprechen lassen?

Sheriff.

Nein, bester Herr; drum faßt Euch in Geduld.

Buckingham.

Hastings und Eduards Kinder, Rivers, Grey,

Du heil'ger Heinrich und dein holder Sohn,

Vaughan, und alle, die Ihr seid gestürzt

Durch heimliche, verderbte, schnöde Ränke:

Wenn Eure finstern, mißvergnügten Seelen

Die Wolken durch, die jetz'ge Stunde schaun,

So rächt Euch nur und spottet meines Falls! –

Ist heut nicht Allerseelentag, ihr Leute?

Sheriff.

Ja, Mylord.

Buckingham.

Nun, Allerseelentag ist meines Leibs Gerichtstag.
Dies ist der Tag, den wünscht' ich über mich
In König Eduards Zeit, wofern ich falsch
An seinem Weib und Kindern würd' erfunden;
Auf diesen Tag wünscht' ich mir meinen Fall,
Durch dessen Falschheit, dem zumeist ich traute;
ja dieser, dieser Allerseelentag
Ist meiner armen Seele Sündenfrist.
Der hoh' Allsehende, mit dem ich Spiel trieb,
Wandt' auf mein Haupt mein heuchelndes Gebet
Und gab im Ernst mir, was ich bat im Scherz.
So wendet er den Schwertern böser Menschen
Die eigne Spitz' auf ihrer Herren Brust.
Schwer fällt Margrethas Fluch auf meinen Nacken:
»Wenn er«, sprach sie, »dein Herz mit Gram zerreißt,
Gedenke, Margaretha war Prophetin.« –
Kommt, daß ihr mich zum Block der Schande führt;
Unrecht will Unrecht, Schuld, was ihr gebührt.

(Sie führen ihn ab.)

ZWEITE SZENE

Ebne bei Tamworth.

(Mit fliegenden Fahnen und klingendem Spiel treten auf Richmond, Oxford, Sir James Blunt, Sir Walter Herbert und andre, mit Truppen auf dem Marsch.)

Richmond.

Ihr Waffenbrüder und geliebte Freunde,

Zermalmet unterm Joch der Tyrannei!

So weit ins Innerste des Landes sind

Wir fortgezogen ohne Hindernis;

Und hier von unserm Vater Stanley kommen

Uns Zeilen tröstlicher Ermutigung.

Der greulich blut'ge, räuberische Eber,

Der Eure Weinberg' umwühlt, Eure Saaten,

Eu'r warm Blut säuft wie Spülicht, Eure Leiber

Ausweidet sich zum Trog: dies wüste Schwein

Liegt jetzt in dieses Eilands Mittelpunkt,

Nah bei der Stadt Leicester, wie wir hören;

Von Tamworth bis dahin ist nur ein Tag.

Frisch auf, in Gottes Namen, mut'ge Freunde,

Die Frucht beständ'gen Friedens einzuernten

Durch *eine* blut'ge Probe scharfen Kriegs.

Oxford. Jeglich Gewissen ist wie tausend Schwerter,

Zu fechten mit dem blut'gen Bösewicht.

Herbert.

Ganz sicher fallen seine Freund' uns zu.

Blunt.

Erbat nur Freunde, die aus Furcht es sind;

Die werden ihn in tiefster Not verlassen.

Richmond.

Dies alles mir zugunsten. Auf, mit Gott!

Hoffnung ist schnell und fliegt mit Schwalbenschwingen;

Aus Kön'gen macht sie Götter, Kön'ge aus Geringen.

(Alle ab.)

DRITTE SZENE

Das Feld bei Bosworth.

(König Richard mit Mannschaft; Herzog von Norfolk, Graf von Surrey und andre.)

Richard.

Hier schlagt die Zelt' auf, hier im Feld bei Bosworth. –

Mylord von Surrey, warum seht Ihr trübe?

Surrey.

Mein Herz ist zehnmal heitrer als mein Blick.

Richard.

Mylord von Norfolk –

Norfolk.

Hier, mein gnäd'ger Fürst.

Richard.

Norfolk, hier gilt es Schläge? Ha, nicht wahr?

Norfolk.

Man gibt und nimmt sie, mein gewogner Herr.

Richard.

Schlagt auf mein Zelt: hier will ich ruhn zu Nacht.

(Soldaten fangen an, des Königs Zelt aufzuschlagen.)

Doch morgen wo? Gut, es ist alles eins. –

Wer spähte der Verräter Anzahl aus?

Norfolk.

Sechs, sieben Tausend ist die ganze Macht.

Richard.

Ei, unser Heer verdreifacht den Belauf.

Auch ist des Königs Nam' ein fester Turm,

Woran der feindlichen Partei es fehlt. –

Schlagt mir das Zelt auf. – Kommt, Ihr edlen Herrn,

Laßt uns der Lage Vorteil überschaun. –

Ruft ein'ge Männer von bewährtem Rat.

Laßt Zucht uns halten und nicht lässig ruhn,

Denn, Lords, auf morgen gibt's vollauf zu tun.

(Richard mit den übrigen ab.)

(An der andern Seite des Feldes treten auf Richmond, Sir William Brandon, Oxford und andre Herren. Einige Soldaten schlagen Richmonds Zelt auf.)

Richmond.

Die müde Sonne ging so golden unter,
Und nach des Feuerwagens lichter Spur
Verheißt sie einen schönen Tag auf morgen. –
Sir William Brandon, Ihr tragt mir mein Banner. –
Gebt mir Papier und Tinte in mein Zelt. –
Ich will der Schlachtordnung Gestalt entwerfen,
Jedwedem Führer seinen Stand begrenzen
Und recht verteilen unsre kleine Macht.
Mylord von Oxford - Ihr, Sir William Brandon –
Und Ihr, Sir Walter Herbert, bleibt bei mir; –
Der Graf von Pembroke führt sein Regiment;
Bringt, Hauptmann Blunt, ihm gute Nacht von mir,
Und um die zweite Stunde früh ersucht
Den Grafen, mich in meinem Zelt zu sprechen.
Doch eins noch, guter Hauptmann, tut für mich:
Wo hat Lord Stanley sein Quartier? Ihr wißt es?

Blunt.

Wenn ich mich nicht in seinen Fahnen irrte
(Was ich versichert bin, daß nicht geschehn),
So liegt sein Regiment eine halbe Meile
Gen Süden von des Königs großem Heer.

Richmond.

Ist's ohn' Gefährde möglich, lieber Blunt,

So findet Mittel aus, mit ihm zu sprechen,

Und gebt von mir ihm dies höchst nöt'ge Blatt.

Blunt.

Bei meinem Leben, Herr, ich unternehm's;

Und somit geb' Euch Gott geruh'ge Nacht.

Richmond.

Gut' Nacht, mein guter Hauptmann Blunt.

Kommt, Herrn, Laßt uns das morgende Geschäft beraten.

Ins Zelt hinein, die Luft ist rauh und kalt.

(Sie begeben sich in das Zelt.)

(König Richard geht zu seinem Zelte mit Norfolk, Ratcliff und Catesby.)

Richard.

Was ist die Uhr?

Catesby.

Nachtessenszeit, mein Fürst:

Es ist neun Uhr.

Richard.

Ich will zu Nacht nicht essen. –

Gebt mir Papier und Tinte.

Nun, ist mein Sturmhut leichter, als er war?

Und alle Rüstung mir ins Zelt gelegt?

Catesby.

Ja, gnäd'ger Herr; ‘s ist alles in Bereitschaft.

Richard.

Mach, guter Norfolk, dich auf deinen Posten,

Halt strenge Wache, wähle sichre Wächter.

Norfolk.

Ich gehe, Herr.

Richard.

Sei mit der Lerche munter, lieber Norfolk.

Norfolk.

Verlaßt Euch drauf, mein Fürst. *(Ab.)*

Richard.

Ratcliff -

Ratcliff.

Mein Fürst?

Richard.

Send einen Waffenherold

Zu Stanleys Regiment; heiß ihn sein Volk

Vor Sonnenaufgang bringen, oder sein Sohn George

Fällt in die blinde Höhle ew'ger Nacht. –

Füllt einen Becher Weins; gebt mir ein Nachtlicht. –

Sattelt den Schimmel Surrey früh zur Schlacht.

Daß meine Schäfte fest und nicht zu schwer sind. –

Ratcliff –

Ratcliff.

Mein Fürst?

Richard.

Sahst du den melanchol'schen Lord Northumberland?

Ratcliff.

Er selbst und Thomas Graf von Surrey gingen,

Im ersten Zwielicht eben, durch das Heer,

Von Schar zu Schar ermunternd unsre Leute.

Richard.

Das genügt mir. Gebt mir einen Becher Weins. –

Ich habe nicht die Rüstigkeit des Geistes,

Den frischen Mut, den ich zu haben pflegte. –

So, setzt ihn hin. - Papier und Tint' ist da?

Ratcliff.

Ja, gnäd'ger Herr.

Richard.

Heißt meine Schildwacht munter sein; verlaßt mich.

Wenn halb die Nacht vorbei ist, kommt ins Zelt

Und helft mich waffnen. - Verlaßt mich, sag ich.

(Richard zieht sich in sein Zelt zurück. Ratcliff und Catesby ab.)

(Richmonds Zelt öffnet sieh, man sieht ihn und seine Offiziere usw. Stanley tritt auf.)

Stanley.

Glück und Triumph bekröne deinen Helm!

Richmond.

Was nur für Trost die dunkle Nacht gestattet,

Das sei dein Teil, mein edler Pflegevater!

Sag mir, wie geht es unsrer teuren Mutter?

Stanley.

Ich segne dich aus Vollmacht deiner Mutter,
Die im Gebet verharrt für Richmonds Wohl.
So viel hievon. – Die leisen Stunden fliehn,
Und streifig Dunkel bricht im Osten sich.
Kurz, denn uns so zu fassen heischt die Zeit,
Bereite deine Schlachtordnung frühmorgens
Und stelle der Entscheidung blut'ger Streiche
Und tödlich dräu'nden Kriegs dein Glück anheim.
Ich, wie ich kann (ich kann nicht, wie ich wollte),
Gewinne schlau der Zeit den Vorteil ab
Und steh dir bei im zweifelhaften Sturm.
Allein ich darf für dich nicht allzuweit gehn,
Denn sieht man's, wird dein zarter Bruder George
Vor seines Vaters Augen hingerichtet.
Leb wohl! Die Muße und die bange Zeit
Bricht ab der Liebe feierliche Schwöre
Und langen Wechsel herzlichen Gesprächs,
Der längst getrennte Freunde sollt' erfreun.
Gott geb' uns Muße zu der Liebe Bräuchen!
Nochmals leb wohl! Sei tapfer und beglückt!

Richmond.

Geleitet ihn zu seinem Regiment,

Ihr lieben Lords; ich, mit verstörtem Sinn,
Will unterdessen einzunicken trachten,
Daß blei'rner Schlaf nicht morgen auf mir laste,
Wann ich auf Siegesflügeln steigen soll.
Gut' Nacht, noch einmal, liebe Lords und Herrn.

(Alle übrigen mit Stanley ab.)

O du, für dessen Feldherrn ich mich achte,
Sieh deine Scharen an mit gnäd'gem Blick!
Reich ihrer Hand des Grimms zermalmend Eisen,
Daß sie mit schwerem Falle niederschmettern
Die trotz'gen Helme unsrer Widersacher!
Mach uns zu Dienern deiner Züchtigung,
Auf daß wir preisen dich in deinem Sieg!
Dir anbefehl ich meine wache Seele,
Eh' ich der Augen Fenster schließe zu.
Schlafend und wachend, schirme du mich stets.
(Schläft ein.)

(Der Geist des Prinzen Eduard, Sohnes Heinrichs des Sechsten, steigt zwischen den beiden Zelten auf.)

Geist *(zu König Richard).*

Schwer mög' ich morgen deine Seele lasten!
Denk, wie du mich erstachst in meiner Blüte,
Zu Tewkesbury: verzweifle drum und stirb! –
(Zu Richmond.)

Sei freudig, Richmond, denn gekränkte Seelen
Erwürgter Prinzen streiten dir zum Schutz:
Dich tröstet, Richmond, König Heinrichs Sohn.

(Der Geist König Heinrichs des Sechsten steigt auf.)

Geist *(zu König Richard).*

Du bohrtest mir, da ich noch sterblich war,
Voll Todeswunden den gesalbten Leib;
Denk an den Turm und mich; verzweifl' und stirb!
Heinrich der Sechste ruft: verzweifl' und stirb!
(Zu Richmond.)
Heilig und tugendhaft, sei Sieger du!
Heinrich, der prophezeit, du werdest König,
Kommt, dich im Schlaf zu trösten: leb und blühe!

(Der Geist des Clarence steigt auf.)

Geist *(zu König Richard).*

Schwer mög' ich morgen deine Seele lasten!
Ich, totgebadet einst in ekelm Wein,
Der arme Clarence, den dein Trug verriet!
Denk in der Schlacht an mich, und fallen laß
Dein abgestumpftes Schwert! Verzweifl' und stirb!
(Zu Richmond.)
Du Sprößling aus dem Hause Lancaster,
Es beten für dich Yorks gekränkte Erben.
Dich schirm' ein guter Engel! Leb und blühe!

(Die Geister des Rivers, Grey und Vaughan steigen auf.)

Rivers *(zu König Richard).*

Schwer mög' ich morgen deine Seele lasten,

Rivers, der starb zu Pomfret! Verzweifl' und stirb!

Grey *(zu König Richard).*

Gedenk an Grey, und laß die Seel' verzweifeln!

Vaughan *(zu König Richard).*

Gedenk an Vaughan, und laß die Lanze fallen

Vor schuldbewußter Furcht! Verzweifl' und stirb!

Alle drei *(zu Richmond).*

Erwach, und denk, für dich kämpf' unser Leiden

In Richards Brust! Ewach und sieg im Feld!

(Der Geist des Hastings steigt auf.)

Geist *(zu König Richard).*

Blutig und schuldvoll, wache schuldvoll auf,

Und ende deine Tag' in blut'ger Schlacht!

Denk an Lord Hastings, und verzweifl‘ und stirb!

(Zu Richmond.)

In Frieden ruh'nde Seel', erwach, erwache,

Und kämpf und sieg in unsers Englands Sache!

(Die Geister der beiden jungen Prinzen steigen auf.)

Geister.

Von deinen Vettern träum, erwürgt im Turm;

Und sei'n wir Blei in deinem Busen, Richard,

Ziehn nieder dich in Unfall, Schmach und Tod!
Die Seelen deiner Neffen rufen dir:
Verzweifl' und stirb!
(Zu Richmond.)
Schlaf friedlich, Richmond, und erwach voll Mut!
Dich schirm' ein Engel vor des Ebers Wut!
Leb, und erzeug ein reiches Königshaus!
Dich heißen Eduards arme Söhne blühen.

(Der Geist der Prinzessin Anna steigt auf.)

Geist

Richard, dein Weib, Anna, dein elend Weib,
Die keine ruh'ge Stunde schlief bei dir,
Füllt deinen Schlaf jetzt mit Verstörungen.
Denk in der Schlacht an mich und fallen laß
Dein abgestumpftes Schwert! Verzweifl' und stirb!
(Zu Richmond.)
Schlaf, ruh'ge Seele, schlaf geruh'gen Schlaf!
Dir zeige Glück und Sieg im Traume sich:
Es betet deines Gegners Weib für dich.

(Buckinghams Geist steigt auf.)

Geist *(zu König Richard).*

Der erste war ich, der zum Thron dir half;
Der letzte fühlt' ich deine Tyrannei:
oh, in der Schlacht gedenk an Buckingham,

Und stirb im Schrecken über deine Schuld!
Träum weiter, träum von Tod und von Verderben:
Du sollst verzweifeln und verzweifelnd sterben.
(Zu Richmond.)
Ich starb um Hoffnung, eh' ich Hilfe bot:
Doch stärk dein Herz und habe keine Not.
Gott samt den Engeln ficht zu Richmonds Schutz,
Und Richard fällt in seinem höchsten Trotz.
(Die Geister verschwinden. König Richard fährt aus seinen Träumen auf.)

Richard.

Ein andres Pferd! verbindet meine Wunden!
Erbarmen, Jesus! – Still, ich träumte nur.
O feig Gewissen, wie du mich bedrängst! –
Das Licht brennt blau. Ist's nicht um Mitternacht?
Mein schauerndes Gebein deckt kalter Schweiß.
Was fürcht ich denn? mich selbst? Sonst ist hier niemand.
Richard liebt Richard: das heißt, Ich bin Ich.
Ist hier ein Mörder? Nein. – Ja, ich bin hier.
So flieh. – Wie? vor dir selbst? Mit gutem Grund:
Ich möchte rächen. Wie? mich an mir selbst?
Ich liebe ja mich selbst. Wofür? für Gutes,
Das je ich selbst hätt' an mir selbst getan?
O leider, nein! Vielmehr haß ich mich selbst,
Verhaßter Taten halb, durch mich verübt.

Ich bin ein Schurke - doch ich lüg, ich bin's nicht.
Tor, rede gut von dir! Tor, schmeichle nicht!
Hat mein Gewissen doch viel tausend Zungen,
Und jede Zunge bringt verschiednes Zeugnis,
Und jedes Zeugnis straft mich einen Schurken.
Meineid, Meineid, im allerhöchsten Grad,
Mord, grauser Mord, im fürchterlichsten Grad,
Jedwede Sünd', in jedem Grad geübt,
Stürmt an die Schranken, rufend: Schuldig! schuldig!
Ich muß verzweifeln. - Kein Geschöpfe liebt mich,
Und sterb ich, wird sich keine Seel' erbarmen.
Ja, warum sollten's andre? Find ich selbst
In mir doch kein Erbarmen mit mir selbst.
Mir schien's, die Seelen all, die ich ermordet,
Kämen ins Zelt, und ihrer jede drohte
Mit Rache morgen auf das Haupt des Richard.

(Ratcliff tritt auf.)

Ratcliff.

Mein Fürst –

Richard.

Wer ist da?

Ratcliff.

Ratcliff, mein Fürst; ich bin's. Der frühe
Hahn des Dorfs Tat zweimal Gruß dem Morgen;

Eure Freunde Sind auf und schnallen ihre Rüstung an.

Richard.

O Ratcliff, ich hatt' einen furchtbarn Traum! –

Was denkst du? halten alle Freunde stand?

Ratcliff.

Gewiß, mein Fürst.

Richard.

O Ratcliff! ich fürcht, ich fürchte –

Ratcliff.

Nein, bester Herr, entsetzt Euch nicht vor Schatten.

Richard.

Bei dem Apostel Paul! es warfen Schatten

Zu Nacht mehr Schrecken in die Seele Richards,

Als wesentlich zehntausend Krieger könnten,

In Stahl und angeführt vom flachen Richmond.

Noch wird's nicht Tag. Komm, geh mit mir,

Ich will den Horcher bei den Zelten spielen,

ob irgendwer von mir zu weichen denkt.

(König Richard und Ratcliff ab.)

(Richmond erwacht. Oxford und andre treten auf.)

Lords.

Guten Morgen, Richmond.

Richmond.

Bitt um Verzeihung, Lords und wache Herrn,

Daß Ihr einen trägen Säumer hier ertappt.

Lords.

Wie schliefet Ihr, Mylord?

Richmond.

Den süß'sten Schlaf und Träume schönster Ahndung,

Die je gekommen in ein müdes Haupt,

Hab ich gehabt, seit wir geschieden, Lords.

Mir schien's, die Seelen, deren Leiber Richard

Gemordet, kämen in mein Zelt und riefen:

Wohlauf! zum Sieg! Glaubt mir, mein Herz ist freudig

In der Erinnrung solchen holden Traums.

Wie weit schon ist's am Morgen, Lords?

Lords.

Auf den Schlag vier.

Richmond.

So ist es Zeit, daß man sich rüst' und ordne.

(Er tritt vor zu den Truppen.)

Mehr als ich sagte, teure Landsgenossen,

Verbietet darzulegen mir die Muße

Und Dringlichkeit der Zeit. Jedoch bedenkt:

Gott und die gute Sache ficht für uns;

Gebete Heil'ger und gekränkter Seelen,

Wie hohe Schanzen, stehn vor unserm Antlitz;

Die, gegen die wir fechten, bis auf Richard,

Sähn lieber siegen uns, als dem sie folgen.
Was ist er, dem sie folgen? Wahrlich, Herrn,
Ein blutiger Tyrann und Menschenmörder;
Erhöht durch Blut und auch durch Blut befestigt;
Der, was er hat, auf krummem Weg erlangt'
Und die erwürgt, die ihm dazu verholfen;
Ein schlechter Stein, erhoben durch die Folie
Von Englands Stuhl, betrüglich drein gesetzt;
Ein Mensch, der stets gewesen Gottes Feind.
Nun, fechtet ihr denn wider Gottes Feind,
So schirmt euch billig Gott als seine Krieger;
Vergießt ihr Schweiß, den Dränger zu erlegen,
So schlaft ihr friedlich, wenn der Dränger fiel;
Führt ihr den Streit mit eures Landes Feinden,
So wird des Landes Fett die Müh' euch zahlen;
Führt ihr den Streit zur Obhut eurer Weiber,
So grüßen eure Weiber euch als Sieger;
Befreit ihr eure Kinder von dem Schwert,
So lohnen's Kindeskinder euch im Alter.
In Gottes Namen denn und dieser Rechte,
Schwingt eure Banner, zieht eu'r willig Schwert.
Mein Lösegeld für diese kühne Tat
Sei diese kalte Leich' auf kalter Erde;
Doch wenn's gelingt, soll am Gewinn der Tat

Sein Teil auch dem Geringsten eurer werden.

Schallt, Trommeln und Trompeten, froh zum Krieg!

Gott und Sankt George! Richmond und Heil und Sieg!

(Alle ab.)

(König Richard und Ratcliff kommen zurück mit Gefolge und Truppen.)

Richard.

Was hat Northumberland gesagt vom Richmond?

Ratcliff.

Er sei nicht auferzogen bei den Waffen.

Richard.

Er sagte wahr. Was sagte Surrey drauf?

Ratcliff.

Er lächelte und sprach: Um desto besser.

Richard.

Er hatte recht, so ist es in der Tat.

(Die Glocke schlägt.)

Zählt da die Glocke. - Gebt mir den Kalender.

Wer sah die Sonne heut?

Ratcliff.

Ich nicht, mein Fürst.

Richard.

So weigert sie den Schein, denn nach dem Buch

Müßt' sie im Ost schon eine Stunde prangen.

Dies wird ein schwarzer Tag für jemand werden. –

Ratcliff –

Ratcliff.

Mein Fürst?

Richard.

Die Sonne läßt sich heut nicht sehn;
Der Himmel wölkt sich finster unserm Heer.
Die tau'gen Tränen möcht ich weg vom Boden. –
Nicht scheinen heut! Ei nun, was gilt das mir
Mehr als dem Richmond? Denn derselbe Himmel,
Der mir sich wölkt, sieht trüb herab auf ihn.

(Norfolk tritt auf.)

Norfolk.

Auf, auf, mein Fürst! Der Feind stolziert im Feld.

Richard.

Kommt, tummelt, tummelt euch! Mein Pferd gezäumt! –
Ruft Stanley auf, heißt seine Schar ihn bringen. –
Ich führe meine Truppen in die Ebne,
Und so soll meine Schlacht geordnet sein:
Die Vorhut soll sich in die Länge dehnen,
Aus Reitern und aus Knechten gleich gemischt;
Die Schützen sollen in der Mitte stehn;
John, Herzog Norfolk, Thomas, Graf von Surrey
Soll'n dieser Knecht' und Reiter Führer sein.
Die so geordnet, woll'n wir folgen

Mit unserm Hauptheer, das auf beiden Flügeln
Verstärken soll der Kern der Reiterei.
Dies, und Sankt George dazu! - Was meinst du, Norfolk?

Norfolk.

Eine gute Ordnung, kriegrischer Monarch.
Dies fand ich heut in meinem Zelt.
(Gibt ihm einen Zettel.)

Richard *(liest).*

«Hans von Norfolk, laß klüglich dir raten!
Richerz dein Herr ist verkauft und verraten.«
Das ist ein Stück, vom Feinde ausgedacht. –
Nun geht, ihr Herrn, auf seinen Posten jeder.
Laßt plauderhafte Träum' uns nicht erschrecken;
Gewissen ist ein Wort für Feige nur,
Zum Einhalt für den Starken erst erdacht:
Uns ist die Wehr Gewissen, Schwert Gesetz.
Rückt vor! dringt ein! recht in des Wirrwarrs Völle!
Wo nicht zum Himmel, Hand in Hand zur Hölle!
Was hab ich mehr euch vorzuhalten noch?
Bedenkt, mit wem ihr euch zu messen habt:
Ein Schwarm Landläufer, Schelme, Vagabunden,
Bretagner Abschaum, niedre Bauernknechte,
Die ausgespien ihr übersättigt Land
Zu tollen Abenteuern, sicherm Untergang.

Ihr schlieft in Ruh': sie bringen Unruh' euch;
Ihr seid mit Land, mit schönen Frau'n gesegnet:
Sie wollen jenes einziehn, diese schänden.
Wer führt sie als ein kahler Bursch, seit lange
Von unsrer Mutter in Bretagn' ernährt?
Ein Milchbart, einer, der sich lebenslang
Nicht über seine Schuh' in Schnee gewagt?
Peitscht dies Gesinde! übers Meer zurück!
Stäupt fort dies freche Lumpenpack aus Frankreich,
Die Bettler, hungrig, ihres Lebens müde,
Die schon gehängt sich hätten, arme Ratzen,
Wär' nicht der Traum von dieser läpp'schen Fahrt!
Soll'n wir besiegt sein, nun, so sei's durch Männer,
Und nicht durch die Bastarde von Bretagnern,
Die unsre Väter oft in ihrem Lande
Geschlagen, durchgedroschen und gewalkt
Und sie der Schand' urkundlich preisgegeben.
Solln diese unsre Länderei'n besitzen?
Bei unsern Weibern liegen? unsre Töchter
Bewält'gen? - Horcht! ich höre ihre Trommeln.
(Trommeln in der Ferne.)
Kämpft, Englands Edle! kämpft, beherzte Sassen!
Zieht, Schützen> zieht die Pfeile bis zum Kopf!
Spornt eure stolzen Ross' und reit't im Blut!

Erschreckt das Firmament mit Lanzensplittern! –

(Ein Bote tritt auf.)

Was sagt Lord Stanley? bringt er seine Schar?

Bote.

Mein Fürst, er weigert sich zu kommen.

Richard.

Herunter mit dem Kopfe seines Sohns.

Norfolk.

Mein Fürst, der Feind ist schon den Moor herüber;

Erst nach dem Treffen laßt George Stanley sterben.

Richard.

Wohl tausend Herzen schwellen mir im Busen:

Voran die Banner! setzet an den Feind!

Und unser altes Wort des Muts, Sankt George,

Beste!' uns mit dem Grimme feur'ger Drachen!

Ein auf sie! Unsre Helme krönt der Sieg. *(Alle ab.)*

VIERTE SZENE

Ein andrer Teil des Feldes.

(Getümmel. Angriffe. Norfolk kommt mit Truppen; zu ihm Catesby)

Catesby.

Rettet, Mylord von Norfolk, rettet, rettet!

Der König tut mehr Wunder als ein Mensch

Und trotzt auf Tod und Leben, wer ihm steht;

Ihm fiel sein Pferd, und doch ficht er zu Fuß

Und späht nach Richmond in des Todes Schlund.

O rettet, Herr, sonst ist das Feld verloren!

(Getümmel. König Richard tritt auf.)

Richard.

Ein Pferd! ein Pferd! mein Königreich für ein Pferd!

Catesby.

Herr, weicht zurück! Ich helf Euch an ein Pferd.

Richard.

Ich setzt' auf einen Wurf mein Leben, Knecht,

Und will der Würfel Ungefähr bestehn.

Ich denk, es sind sechs Richmonds hier im Feld:

Fünf schlug ich schon an seiner Stelle tot.

Ein Pferd! ein Pferd! mein Königreich für ein Pferd!

(Alle ab.)

(Getümmel. König Richard und Richmond treten auf. Sie fechten, Richard fällt. Rückzug und Tusch. Hierauf kommen Richmond, Stanley mit der Krone, verschiedne andre

Lords und Truppen.)

Richmond.

Preis Gott und euren Waffen, Freunde, Sieger!

Das Feld ist unser und der Bluthund tot.

Stanley.

Wohl hast du dich gelöst, beherzter Richmond.
Sieh hier, dies lang geraubte Königskleinod
Hab ich von des Elenden toten Schläfen
Gerissen, deine Stirn damit zu zieren.
Trag es, genieß es, bring es hoch damit.

Richmond.

Zu allem spreche Gott im Himmel Amen.
Doch sag mir, lebt der junge Stanley noch?

Stanley.

Er lebt und ist in Sicherheit in Leicester,
Wohin wir uns, mein Fürst, begeben könnten,
Wenn's Euch beliebt.

Richmond.

Was für namhafte Männer
Sind in der Schlacht gefallen beiderseits?

Stanley.

John, Herzog Norfolk, Walter Lord Ferrers,
Sir Robert Brakenbury und Sir William Brandon.

Richmond.

Beerdigt sie, wie's ihrem Rang gebührt.
Ruft Gnade aus für die gefloh'ne Mannschaft,
Die unterwürfig zu uns wiederkehrt;
Und dann, worauf das Sakrament wir nahmen>
Vereinen wir die weiß' und rote Rose.

Der Himmel lächle diesem schönen Bund,
Der lang auf ihre Feindschaft hat gezürnt!
Wer wär' Verräter g'nug und spräch' nicht Amen?
England war lang im Wahnsinn, schlug sich selbst:
Der Bruder, blind, vergoß des Bruders Blut;
Der Vater würgte rasch den eignen Sohn;
Der Sohn, gedrungen, ward des Vaters Schlächter;
All dies entzweiten York und Lancaster,
Entzweiet selbst in greulicher Entzweiung. –
Nun mögen Richmond und Elisabeth,
Die echten Erben jedes Königshauses,
Durch Gottes schöne Fügung sich vereinen!
Mög' ihr Geschlecht (wenn es dein Will' ist, Gott!)
Die Folgezeit mit mildem Frieden segnen,
Mit lachendem Gedeihn und heitern Tagen!
Zerbrich der Bösen Waffe, gnäd'ger Gott,
Die diese Tage möchten wiederbringen,
Daß England weinen müßt' in Strömen Bluts!
Der lebe nicht und schmeck' des Landes Frucht,
Der heim des schönen Landes Frieden sucht!
Getilgt ist Zwist, gestreut des Friedens Samen:
Daß er hier lange blühe, Gott, sprich Amen!

(Alle ab.)